Printed in the USA

Punjabi Language:
101 Punjabi Verbs

By Gajinder Dhesi

Contents

An Introduction to Punjabi (ਪੰਜਾਬੀ) Grammar	1
(1) To Accept	11
(2) To Admit	13
(3) To Answer	15
(4) To appear	17
(5) To ask	19
(6) To be	21
(7) To be able to	23
(8) To Become	25
(9) To begin	27
(10) To break	29
(11) To breathe	31
(12) To Buy	33
(13) To Call	35
(14) To can	37
(15) To choose	39
(16) To close	41
(17) To come	43
(18) To cook	45
(19) To cry	47
(20) To Dance	49
(21) To Decide	51
(22) To Decrease	53
(23) To Die	55
(24) To Do	57
(25) To Drink	59

(26) To Drive	61
(27) .To eat	63
(28) To enter	65
(29) To exit	67
(30) To Explain	69
(31) To Fall	71
(32) To Feel	73
(33) To Fight	75
(34) To Find	77
(35) To Finish	79
(36) To Fly	81
(37) To Forget	83
(38) To get up	85
(39) To Give	87
(40) To Go	89
(41) To Happen	91
(42) To Have	93
(43) To Hear	95
(44) To Help	97
(45) To Hold	99
(46) To Increase	101
(47) To Introduce	103
(48) To Invite	105
(49) To Kill	107
(50) To Kiss	109
(51) To Know	111
(52) To Laugh	113
(53) To learn	115
(54) To Lie Down	117

(55) To like — 119

(56) To Listen — 121

(57) To Live — 123

(58) To lose — 125

(59) To Love — 127

(60) To meet — 129

(61) To need — 131

(62) To Notice — 133

(63) To open — 135

(64) To Play — 137

(65) To Put — 139

(66) To read — 141

(67) To Receive — 143

(68) To Rememeber — 145

(69) To Repeat — 147

(70) To Return — 149

(71) To Run — 151

(72) To say — 153

(73) To Scream — 155

(74) To See — 157

(75) To Seem — 159

(76) To Sell — 161

(77) To Send — 163

(78) To Show — 165

(79) To Sing — 167

(80) To Sit down — 169

(81) To Sleep — 171

(82) To Smile — 173

(83) To Speak — 175

(84) To Stand 177

(85) To Start 179

(86) To stay 181

(87) To Take 183

(88) To Talk 185

(89) To Teach 187

(90) To Think 189

(91) To Touch 191

(92) To Travel 193

(93) To Understand 195

(94) To Use 197

(95) To wait 199

(96) To walk 201

(97) To want 203

(98) To watch 205

(99) To win 207

(100) To Work 209

(101) To Write 211

An Introduction to Punjabi (ਪੰਜਾਬੀ) Grammar

Punjabi language belongs to the Indo-Aryan group of languages (Hindi, Gujarati, Bengali etc) and is spoken mainly (natively) in the Punjab states of India and Pakistan. It is also spoken in England (fourth most spoken language in England and Wales), Canada (third most spoken language), UAE, Australia etc. Punjabi language is written in Gurumukhi script in India (East Punjab) and Shahmukhi script in Pakistan (West Punjab). As you will see below, Punjabi grammar is somewhat similar to English grammar.

Overview of Punjabi grammar

Punjabi words are divided into different classes which we shall call 'Word classes' or ਸ਼ਬਦ-ਸ਼੍ਰੇਣੀਆਂ ('Shabad shreniya'). These classes are also known as Parts of Speech in English and describe the work a particular word does in a sentence.

The Word Classes that exists in Punjabi are eight in number:

Noun ਨਾਂਵ ('Naav')	Pronoun ਪੜਨਾਂਵ ('parnaav')	Adjective ਵਿਸ਼ੇਸ਼ਣ ('Visheshan')	Verb ਕਿਰਿਆ ('kiriya')
Adverb ਕਿਰਿਆ-ਵਿਸ਼ੇਸ਼ਣ ('kiriya visheshan')	~~Preposition~~ Post-positions ਸੰਬੰਧਕ ('sanbandhak')	Conjunction ਯੋਜਕ ('yojak')	Interjection ਵਿਸਮਕ ('vismak')

Each word class has certain grammatical categories (ਵਿਆਕਰਣਕ ਸ਼੍ਰੇਣੀਆਂ ('Viyakaran shreniya')) associated with it such as Case, Number, Gender, Tense and Voice

Case ਕਾਰਕ ('kaarak')	Number ਵਚਨ ('vachan')	Gender ਲਿੰਗ ('ling')	Tense ਕਾਲ ('kaal')
Voice ਵਾਚ ('vaach')			

1. NOUN (ਨਾਂਵ) ('Naav')

A word used as the name of a person, place or thing is called a Noun. A word whose form depends on the case and number grammatical categories is also known as a noun.

Like in English language, there are five kinds of Noun in Punjabi language:

- ਖਾਸ ਨਾਂਵ ਜਾਂ ਨਿਜ-ਵਾਚਕ ਨਾਂਵ (proper noun) ('Khaas Naav ja nij-vaachak naav')

    E.g. 'ਬਲਬੀਰ'('balbir'), 'ਮੋਤੀ'('moti'), 'ਕੋਹੀਨੂਰ ਹੀਰਾ' ('kohinoor heera') ਆਦਿ ('aadi')।

- ਆਮ ਨਾਂਵ ਜਾਂ ਜਾਤੀ-ਵਾਚਕ ਨਾਂਵ (common noun) ('Aam Naav ja jaati-vaachak naav')

    E.g. 'ਕੁੱਤਾ ('kutta')', 'ਸ਼ਹਿਰ'('shahar') ਆਦਿ('aadi')।

- ਵਸਤੂ-ਵਾਚਕ ਨਾਂਵ (material noun) ('vastu vaachak naav')

    E.g. ਲੋਹਾ ('loha'), ਸੋਨਾ ('sona'), ਤੇਲ('tel'), ਗੁੜ('gurh') ਆਦਿ ('aadi')।

- ਇਕੱਠ-ਵਾਚਕ ਨਾਂਵ ਜਾਂ ਸਮੂਹ ਵਾਚਕ ਨਾਂਵ (collective noun) ('ekath-vaachak naav ja samuh vaachak naav')

    E.g. ਫੌਜ ('fauj'), ਇੱਜੜ ('ijarh'), ਜੱਥਾ ('jatha') ਆਦਿ ('aadi')।

- ਭਾਵ-ਵਾਚਕ ਨਾਂਵ (abstract noun) ('bhaav vaachak naav')

    E.g. ਖੁਸ਼ੀ ('khushi'), ਸੱਚਾਈ('sachayi'), ਮਠਾਸ ('mithaas') ਆਦਿ ('aadi')।

2. PRONOUN (ਪੜਨਾਂਵ) ('parnaav')

Pronoun is a word used in place of a Noun. Like Noun, the form of a pronoun also depends on the number and case grammatical categories.

E.g.

Person (ਪੁਰਖ) ('Purkh')	Singular pronoun ਇਕ-ਵਚਨ ਪੜਨਾਂਵ ('ek-vachan parnaav')	Plural pronoun ਬਹੁ-ਵਚਨ ਪੜਨਾਂਵ ('bahu-vachan parnaav')
First person	ਮੈਂ ('main')	ਅਸੀਂ ('asi')
Second person	ਤੂੰ ('tu') (for respect use: ਆਪ('aap'))	ਤੁਸੀਂ ('tusi')
Third person	ਉਹ ('oh')	ਉਹ ('oh')

There are six kinds of pronouns in Punjabi language:

- ਪੁਰਖ-ਵਾਚਕ ਪੜਨਾਂਵ (personal pronoun) ('purkh-vaachak parnaav')
- ਨਿੱਜ-ਵਾਚਕ ਪੜਨਾਂਵ (reflexive pronoun) ('nij-vaachak parnaav')
- ਨਿਸਚੇ-ਵਾਚਕ ਪੜਨਾਂਵ (demonstrative pronoun) (' nischay-vaachak parnaav')
- ਅਨਿਸਚੇ-ਵਾਚਕ ਪੜਨਾਂਵ (indefinite pronoun) ('anischay-vaachak parnaav')
- ਸੰਬੰਧ-ਵਾਚਕ ਪੜਨਾਂਵ (relative pronoun) ('sanbandh-vaachak parnaav')
- ਪ੍ਰਸ਼ਨ-ਵਾਚਕ ਪੜਨਾਂਵ (interrogative pronoun) ('prashan-vaachak parnaav')

3. ADJECTIVE (ਵਿਸ਼ੇਸ਼ਣ) ('Visheshan')

Adjective is a word which describes a Noun or adds something to the meaning of a Noun. In a sentence an adjective is used before a noun. For e.g.: ਹੁਸ਼ਿਆਰ ਮੁੰਡਾ (('hushiyaar munda') intelligent boy), ਕਾਲਾ ਘੋੜਾ (('kaala ghora') or black horse).

Adjectives are of five kinds:

- ਗੁਣ-ਵਾਚਕ ਵਿਸ਼ੇਸ਼ਣ (qualitative adjectives) ('Gun-vaachak visheshan')
- ਸੰਖਿਆ-ਵਾਚਕ ਵਿਸ਼ੇਸ਼ਣ (numerical adjective) ('sankhya-vaachak visheshan')
- ਪਰਿਮਾਣ-ਵਾਚਕ ਵਿਸ਼ੇਸ਼ਣ (adjective of quantity) ('parimaan-vaachak visheshan')
- ਨਿਸਚੇ-ਵਾਚਕ ਵਿਸ਼ੇਸ਼ਣ (demonstrative adjective) ('nischay-vaachak naav visheshan')
- ਪੜਨਾਂਵੀ ਵਿਸ਼ੇਸ਼ਣ (pronominal adjective) ('parnaavi visheshan')

4. VERB (ਕਿਰਿਆ) ('kiriya')

Verb is a word which expresses an action. Also a word which plays a role of a predicate in sentence formation is known as Verb.

In Punjabi language, Verbs are complex. There can as many as 50 forms of the same Verb. The main form of the verb is known as ਧਾਤੂ (root) ('dhaatu'). Suffixes are attached to the root to create many forms of verb.

E.g.: the root word ਪੜ੍ਹ ('padh') can be written in many forms by attaching suffixes such as ਪੜ੍ਹੀ ('padhi'), ਪੜ੍ਹਾਵਾਂ ('padhaava'), ਪੜ੍ਹੇ ('padhe'), ਪੜ੍ਹਨਾ ('padhna'), ਪੜ੍ਹਨੇ ('padhne'), ਪੜ੍ਹਉਣਾ ('padhauna') and many more.

Kinds of verbs:

- ਕਾਲਕੀ ਅਤੇ ਅਕਾਲਕੀ ਕਿਰਿਆ (finite and infinite verbs) ('kaalki ate akaalki kiriya')

    A verb whose form changes with any of the grammatical category is known as a finite verb. Conversely, if the form of the verb does not change at all, it is known as an infinite verb. For e.g. the word ਪੜ੍ਹਦਾ ('padhda') is a ਕਾਲਕੀ ਕਿਰਿਆ or a finite verb as it changes with the Number grammatical category.

    ਮੁੰਡਾ ਪੜ੍ਹਦਾ ਹੈ। (ਇਕ-ਵਚਨ)/singular ('munda padhda hai')

    ਮੁੰਡੇ ਪੜ੍ਹਦੇ ਹਨ। (ਬਹੁ-ਵਚਨ)/plural ('munde padhde han')

- ਅਕਰਮਕ ਅਤੇ ਸਕਰਮਕ ਕਿਰਿਆ (intransitive and transitive verb) ('akarmak ate sakarmak kiriya')

    If the use of a verb requires a subject only and not any object, then that verb is known as ਅਕਰਮਕ ਕਿਰਿਆ or an intransitive verb. Similarly if a verb requires both subject (ਕਰਤਾ) ('karta') and object (ਕਰਮ) ('karam'), it is known as ਸਕਰਮਕ ਕਿਰਿਆ or a transitive verb. For e.g. ਬੱਚਾ (child, a subject) ਖੇਡਦਾ (verb) ਹੈ। ('bacha khed-da hai')

    ਬੱਚਾ (subject) ਫੁੱਟਬਾਲ (football, an object) ਖੇਡਦਾ (verb) ਹੈ। ("bacha football khed-da hai)

- ਕਰਦੰਤਕ (participle) ('kardantak')

    A participle is a form of verb that plays the role of another word class than the verb itself, in a sentence.
    E.g. ਉਸ ਨੇ ਉੱਡਦੇ (flying, a verb playing the role of an adjective) ਕਾਂ (crow) ਨੂੰ ਤੀਰ ਮਾਰਿਆ। ('Us ne Ud-de kaa nu teer maariya')

- ਮੁੱਖ ਅਤੇ ਸਹਾਇਕ ਕਿਰਿਆ (head verb) ('mukh ate sahayak kiriya')

    In a Verb phrase or ਕਿਰਿਆ ਵਾਕੰਸ਼ ('kiriya vaakansh') the first word is known as ਮੁੱਖ ਕਿਰਿਆ o a head verb and is necessary to include. Tail verbs give information about the tense and usually come at the end of a sentence.

Eg: ਹੈ (shows present tense) ('hai') and ਸੀ (shows past tense) ('si'). Verbs which come in between the head and the tail verb are known as instrumental verbs.

ਰਾਮ ਨੇ ਕਾਂ ਨੂੰ ਮਾਰ(killed, head verb) ਦਿੱਤਾ (instrumental verb) ਹੈ (tail verb)।

('Ram ne kaa nu maar ditta hai')

5. ADVERB (ਕਿਰਿਆ- ਵਿਸ਼ੇਸ਼ਣ) ('kiriya visheshan')

An adverb is a word which describes a Verb, Adjective or another Adverb or adds something to the meaning of a Verb, Adjective or another Adverb.

E.g.: ਕੱਲ੍ਹ(tomorrow) ('kal'), ਇੱਥੇ (here) ('ethe'), ਜ਼ਰੂਰ (definitely) ('zaroor'), ਬਿਲਕੁਲ (sure) ('bilkul') etc.

There are eight kinds of Adverbs in Punjabi:

- ਕਾਲ-ਵਾਚਕ ਕਿਰਿਆ- ਵਿਸ਼ੇਸ਼ਣ (Adverb of time) ('kaal-vaachak kiriya-visheshan')
- ਸਥਾਨ-ਵਾਚਕ ਕਿਰਿਆ- ਵਿਸ਼ੇਸ਼ਣ (Adverb of place) ('sathaan-vaachak kiriya-visheshan')
- ਪ੍ਰਕਾਰ-ਵਾਚਕ ਕਿਰਿਆ- ਵਿਸ਼ੇਸ਼ਣ (Adverb of manner) ('prakaar-vaachak kiriya-visheshan')
- ਕਾਰਨ-ਵਾਚਕ ਕਿਰਿਆ- ਵਿਸ਼ੇਸ਼ਣ (Adverb of cause) (' kaaran-vaachak kiriya-visheshan')
- ਪਰਿਮਾਣ-ਵਾਚਕ ਕਿਰਿਆ- ਵਿਸ਼ੇਸ਼ਣ (Adverb of quality) ('parimaan-vaachak kiriya-visheshan')
- ਸੰਖਿਆ-ਵਾਚਕ ਕਿਰਿਆ- ਵਿਸ਼ੇਸ਼ਣ (Adverb of number) ('sankhya-vaachak kiriya-visheshan')
- ਨਿਰਨਾ -ਵਾਚਕ ਕਿਰਿਆ- ਵਿਸ਼ੇਸ਼ਣ (Adverb of affirmation and negation) ('nirna-vaachak kiriya-visheshan')
- ਤਾਕੀਦ-ਵਾਚਕ ਕਿਰਿਆ- ਵਿਸ਼ੇਸ਼ਣ (Adverb of emphasis) ('taakeed-vaachak kiriya-visheshan')

6. POST-POSITIONS (ਸੰਬੰਧਕ) ('sanbandhak')

A post- position is similar to a preposition used in English in as much as it shows how the Noun or pronoun is connected to something else in a sentence. However unlike in English language, a Post-position is written after the Noun or Pronoun and not before it in a Punjabi sentence.

The main post-positions in Punjabi are: ਨੇ ('ne'), ਨੂੰ ('nu'), ਵਿੱਚ ('vich'), ਨਲ ('naal'), ਹੇਠ ('hetha'), ਉੱਤੇ ('utte'), ਕੋਲ ('kol'), ਤੋ ('toh'), ਲਈ ('layi'), ਦ ('da')etc. (ਆਾਦੀ) ('aadi').

Post-Positions are mainly used to show the cases of the nouns or ਕ ਰਕੇ ਸੰਬੰਧ('kaarki sanbandh'). In a sentence there can be one or more nouns connected to a verb. Each Noun is differently connected to the verb which is shown by the case.

Eg: ਬੱਚਿਆ ਨੇ ਦਰੱਖਤ ਤੋ ਫੱਲ ਤੋੜੇ l or children plucked flowers from the trees. ('bacheya ne drakhtaa toh full torhe')

In the above example, verb is ਤੋੜੇ (plucked) ('torhe'), Nouns are ਬੱਚਿਆ(children) ('bacheya'), ਦਰੱਖਤ (trees) ('drakhtaa') and ਫੱਲ(flowers) ('full'). The proposition 'ਨੇ' shows that the noun ਬੱਚਿਆ is in ਕਰਤ ਕ ਰਕ ('karta kaarak') or Nominative case. Similarly the proposition 'ਤੋ' shows other cases.

7. CONJUNCTION (ਯੋਜਕ) ('yojak')

A word which joins or connects two words or sentences is called a conjunction or ਯੋਜਕ. Where propositions tell us about the connection of nouns or pronouns with other parts of the sentence, a conjunction just connects two words or sentences and does not tell about the connection.

Some common conjunctions used in Punjabi are: ਤੇ ('te'), ਅਤੇ ('ate'), ਕਿਉਂਕਿ ('kiyunki'), ਸੰਗ ('sago'), ਪਰ ('par'), ਤਾਂ ('taa'), ਜ ('ju'), ਆਦਕ ('aadak') l

For E.g. (ਉਦ ਹਰਨ) ('udhaaran'): ਰਮ ਅਤੇ ਸ਼ਮ ਨੇ ਦਕਨ ਤੋ ਚਹ ਪੀਤੇ l or Ram and sham had tea from the shop. ('ram ate shaam ne dukaan toh chah piti')

Here the word 'ਅਤੇ' is a conjunction.

As in English, there are two kinds of conjunctions: co-ordinate conjunction (ਸਮ ਨ ਯੋਜਕ) ('samaan yojak') and subordinate conjunction (ਅਧੀ ਨ ਯੋਜਕ) ('adheen yojak')

Coordinate conjunctions join two clauses or sentences equal in rank. Examples include: ਤੇ, ਅਤੇ (and), ਪਰ (but) etc.

Subordinate conjunctions join two clauses or sentences not equal in rank i.e. a clause depends on the other for its meaning. E.g.: ਕਿਉਂਕਿ (because) ('kiyunki'), ਕਿ ('ki')etc.

8. **INTERJECTION (ਵਿਸਮਕ)** ('vismak')

A word which describes a sudden feeling is known as an Interjection or ਵਿਸਮਕ. Just like an exclamation mark '!' is used in English to write an interjection, similarly in Punjabi interjections are followed by a '!'.

Some common interjection used in Punjabi include: ਸ਼ਬਾਸ਼! (Well done!) ('shabaash'), ਅਫ਼ਸੋਸ! (Disappointment) ('afhsos'), ਅੱਛਾ !(Good!) ('achaa'), ਹਾਏ! (Damn!) ('haaye') Etc.

A few words on the grammatical categories:

1. The ਵਚਨ ('vachan') or Number grammatical category gives information about the count, mainly of the Noun word class. There are two kinds of ਵਚਨ - ਇਕ-ਵਚਨ (singular) ('ek-vachan') and ਬਹੁ-ਵਚਨ (plural) ('bahu-vachan').

2. The ਲਿੰਗ ('ling') or Gender grammatical category gives information about the masculinity or femininity of the form of the noun. It is of two kinds- ਪੁਲਿੰਗ (masculine) ('pu-ling') and ਇਸਤਰੀ-ਲਿੰਗ (feminine) ('istri-ling').

3. The ਕਾਲ ('kaal') or Tense grammatical category gives information about the time in which the action occurs. There are mainly three tenses - ਭੂਤ ਕਾਲ (past tense) ('bhoot kaal'), ਵਰਤਮਾਨ ਕਾਲ (present tense) ('vartmaan kaal') and ਭਵਿੱਖਤ ਕਾਲ (future tense) ('bhavikhat kaal').

- ਭੂਤ ਕਾਲ (past tense) ('bhoot kaal')

    It tells us that the event or action represented by the verb took place in some past time. Sentences using past tense usually use ਸੀ ('si'), ਹਨ ('hann'), ਸਨ ('sann') with the past tense form of the verb.

E.g. ਕੱਲ੍ਹ ਮੇਰੇ ਚਾਚਾ ਜੀ ਦਿੱਲੀ ਗਏ ਸਨ ('kal mere chacha ji delhi gye sann')

ਰਾਮ ਦੁਕਾਨ ਵੱਲ ਜਾ ਰਿਹਾ ਸੀ । ('ram dukaan walh ja reha si')

- ਵਰਤਮਾਨ ਕਾਲ (present tense) ('vartmaan kaal')

    It tells us about that the event or action is taking place in the now or present time.
    E.g. ਪਿਤਾ ਜੀ ਹਰ ਰੋਜ਼ ਖੇਡਣ ਜਾਂਦੇ ਹਨ। ('pita ji har roz khedan jaande hann')

    ਮਾਤਾ ਜੀ ਖੀਰ ਬਣਾ ਰਹੇ ਹਨ। ('maata ji kheer bna rahe hann')

- ਭਵਿੱਖਤ ਕਾਲ (future tense) ('bhavikhat kaal')

    It tells us about the time which is yet to come or some action or event which is yet to take place. The verb which gives us such information is known as the verb of the future tense.
    E.g. ਤੁਸੀਂ ਚੁੱਪ-ਚਾਪ ਚਲੇ ਜਾਓ। (' tusi chup-chaap chale jao')

Each tense is further sub divided into more categories on lines similar to English language and includes:

Past tense sub categories:

- ਅਨਿਸ਼ਚਿਤ ਭੂਤ ਕਾਲ (similar to past indefinite or simple past) ('anishchit bhoot kaal')

    It tells that the work is done in the past but does not exactly specify when.
    E.g. ਰਾਮ ਨੇ ਦੁੱਧ ਪੀਤਾ । (verb of past indefinite tense) ('ram ne dudh pita')

- ਅਪੂਰਨ ਭੂਤ ਕਾਲ (similar to past continuous perfect) ('apuran bhoot kaal')

    It tells that the work wasn't completed in the past but was continuing in the past.
    E.g. ਸੀਤਾ ਪਾਠ ਯਾਦ ਕਰ ਰਹੀ ਸੀ । ('sita path yaad kar rahi si')

- ਪੂਰਨ ਭੂਤ ਕਾਲ (similar to past perfect) ('puran bhoot kaal')

    It tells us that the work has been completed in the past.
    E.g. ਪੁਲਿਸ ਦੇ ਪੁੱਜਣ ਤੋਂ ਪਹਿਲਾਂ ਚੋਰ ਭੱਜ ਚੁੱਕਾ ਸੀ । ('police de paunchan toh pehla chor bhaj chukka si')

- ਸ਼ਰਤੀ ਭੂਤ ਕਾਲ (similar to conditional past tense) ('sharti bhoot kaal')

  It tells us that the work would have been completed on some condition in the past.
  E.g. ਜੇ ਤੁਸੀ ਤੇਜ਼ ਚੱਲਦੇ ਤਾਂ ਗੱਡੀ ਪਕੜ ਲੈਂਦੇ। ('je tusi tez chalde taa gaddi pakadh lainde')

Present tense sub categories:

- ਅਨਿਸ਼ਚਿਤ ਵਰਤਮਾਨ ਕਾਲ (similar to simple present) ('anishchit vartmaan kaal')

  Here the work is done in the present time itself.
  E.g. ਮੈਂ ਸਵੇਰੇ ਜਲਦੀ ਉੱਠਦਾ ਹਾਂ। ('mai savere jaldi uthda haa')

- ਚਾਲੂ ਵਰਤਮਾਨ ਕਾਲ (similar to present continuous tense) ('chaalu vartmaan kaal')

  Here the work is continuing or is taking place in the present (hasn't yet completed).
  E.g. ਮੀਂਹ ਪੈ ਰਿਹਾ ਹੈ। ('mih pai reha si')

- ਪੂਰਨ ਵਰਤਮਾਨ ਕਾਲ (similar to present perfect tense) ('puran vartmaan kaal')

  Here the work has been completed in the present.
  E.g. ਮੈਂ ਖਾਣਾ ਖਾ ਲਿਆ ਹੈ। ('mai khaana kha leya hai')

- ਸ਼ਰਤੀ ਵਰਤਮਾਨ ਕਾਲ (------) ('sharti vartmaan kaal')

  The work here depends on the condition in the present.
  E.g. ਜੇ ਉਹ ਖ਼ੁਸ਼ ਹੋਵੇ ਤਾਂ ਬਹੁਤ ਦਾਨ ਕਰਦਾ ਹੈ। ('je oh khush hove taa bahut daan karda hai')

- ਹੁਕਮੀ ਵਰਤਮਾਨ ਕਾਲ (------)('hukmi vartmaan kaal')

  Here the work is done by requesting or taking permission.
  E.g. ਕ੍ਰਿਪਾ ਕਰਕੇ ਮੇਰੀ ਮੱਦਦ ਕਰੋ। ('kripa karke meri madad karo')

Future tense sub categories:

- ਅਨਿਸ਼ਚਿਤ ਭਵਿੱਖਤ ਕਾਲ (------) ('anishchit bhavikhat kaal')

  Here the work is done in the future but, the exact time is not specified.
  E.g. ਬੱਚੇ ਮੈਚ ਖੇਡਣਗੇ। ('bache match khedange')

- ਸੰਭਵੀ ਭਵਿਖਤ ਕਾਲ (------) ('sanbhaavi bhavikhat kaal')

  Here the probability or a yearning of a action or event in future is specified.
  E.g ਰੱਬ ਕਰੇ ਕਿ ਮੈਂ ਅਫ਼ਜਰ ਬਣ ਜਾਵਾਂ । ('rab kare ki mai afhsar ban jaava')

- ਹੁਕਮੀ ਭਵਿਖਤ ਕਾਲ (------) ('hukmi bhavikhat kaal')

  Here the work is requested or permitted to be done in future.
  E.g. ਜੰਗ ਜਿਤ ਕੇ ਵਾਪਸ ਮੁੜੀਂ । ('jang jit ke vapas murhi')

- ਨਿਸ਼ਚਿਤ ਭਵਿਖਤ ਕਾਲ (------) ('nischit bhavikhat kaal')

  It tells about if the work will be completed or is probably being completed.
  E.g. ਮਾਲੀ ਬੂਟਿਆਂ ਨੂੰ ਪਾਣੀ ਦੇ ਰਿਹਾ ਹੋਵੇਗਾ । (' maali butiya nu paani de reha hovega')

4. The ਕਾਰਕ ('kaarak') or Case grammatical category gives information about the connection of noun or pronoun with the verb and other words in a sentence. It is of eight kinds - ਕਰਤਾ ਕਾਰਕ('karta kaarak'), ਕਰਮ ਕਾਰਕ('karam karak'), ਕਰਨ ਕਾਰਕ('karan kaarak'), ਸੰਪ੍ਰਦਾਨ ਕਾਰਕ('sanpradaan kaarak'), ਅਪਾਦਾਨ ਕਾਰਕ('apaadaan kaarak'), ਸੰਬੰਧ ਕਾਰਕ('sanband kaarak'), ਅਧਿਕਰਨ ਕਾਰਕ('adhikaran kaarak'), and ਸੰਬੋਧਨ ਕਾਰਕ ('sanbodhan kaarak').

5. The ਵਾਚ ('vaach') or Voice grammatical category is a form of a verb which gives information about whether the subject is the doer of the act (ਕਰਤਾ) ('karta') or something is done to the subject (ਕਰਮ) ('karam'). In the former case, the ਵਾਚ or Voice is known as ਕਰਤਰੀ ਵਾਚ('kartari vaach') or active voice and in the latter case the ਵਾਚ or Voice is known as ਕਰਮਣੀ ਵਾਚ('karmani vaach') or passive voice.

(1) To Accept

Infinitive	To Accept	;theko eoBk (Swikar karna)

Indicative	
Present	Past
;theko eodk **jK**. (Swikar karda **han**.) I accept.	;theko eodk **;h**. (Swikar karda **si**.) I accepted.
Preterite And Perfect	Pluperfect
;theko **ehsk j'fJn**k. (Swikar **kitta hoeia**.) It is accepted.	;theko **ehsk ;h**. (Swikar **kitta si**.) I had accepted.
Future And Immediate Future	Immediate Past Future
;theko eoK**rk**. (Swikar karan**ga**.) I will accept.	;theko eoB tkbk ;h. (Swikar karn wala si.) I was about to accept.

Imperative	
Single And Polite	Future Polite
;theko **eo'**. (Swikar **karo**.) Do accept.	;theko eo **b?D**k. (Swikar kar **lainha**.) Please accept.

Subjunctive	
Present	Habitual And Consumptive
;theko **eoK**. (Swikar **karan**.) Do I accept.	;theko eodk **jK**. (Swikar karda **han**.) I accept.
Perfect And Immediate Future	
;theko eo **fbn**k. (Swikar kar **lia**.) I have accepted.	

Conditional	
Present And Habitual	Continuous And Preterite
;theko **eodk**. (Swikar **karda**.) He accepts.	;theko **eo fojk j[zd**k. (Swikar **kar riha hunda**.) He would be accepting.

Presumptive	
Present And Imperfective	Continuous And Future Perfect
;theko **eodk j'tKrk.** (*Swikar* **karda hovanga.**) I would be accepting.	;theko **eo fojk j'tKrk.** (*Swikar* **kar riha hovanga.**) I would have been accepting.

(2) To Admit

Infinitive	To Admit	jK eoBk. *(Han karna)*

Indicative	
Present	Past
jK eodk **jK.** (Han karda **han**.) I admit.	jK eodk **;h.** (Han karda **si**.) I admitted.
Preterite And Perfect	Pluperfect
jK **ehsk j'fJnk.** (Han **kitta hoeia**.) It is admitted.	jK **eoh ;h.** (Han **kari si**.) I had admitted.
Future And Immediate Future	Immediate Past Future
jK eoK**rk.** (Han karan**ga**.) I will admit.	jK eoB tkbk **;h.** (Han karn wala **si**.) I was about to admit.

Imperative	
Single And Polite	Future Polite
jK **eo'.** (Han **karo**.) Do admit.	jK **efoU .** (Han **kario**.) Please admit.

Subjunctive	
Present	Habitual And Consumptive
jK **eoK.** (Han **karan**.) Do I admit.	jK eodk **jK.** (Han karda **han**.) I admit.
Perfect And Immediate Future jK eo **bh.** (Han kar **li**.) I have admitted.	

Conditional	
Present And Habitual	Continuous And Preterite
jK **eodk .** (Han **karda**.) He admits.	jK **eo fojk j[zdk.** (Han **kar riha hunda**.) He would be admitting.

Presumptive	
Present And Imperfective	Continuous And Future Perfect
ਹਾਂ **ਕਰਦਾ ਹੋਵਾਂਗਾ**. (Han **Karda hovenga**.) I would be admitting.	ਹਾਂ **ਕਰ ਰਿਹਾ ਹੋਵਾਂਗਾ**. (Han **kar riha hovanga**.) I would have been admitting.

(3) To Answer

Infinitive	To Answer	T[Zso d/Dk (Uttar denha)

Indicative	
Present	Past
T[Zso fdzdk **jK**. (Uttar dinda **han**.) I answer.	T[Zso fdzdk **;h**. (Uttar dinda **si**.) I answered.
Preterite And Perfect	Pluperfect
T[Zso **fdZsk j'fJnk**. (Uttar **ditta hoeia**.) It is answered.	T[aZso **fdZsk ;h**. (Uttar **ditta si**.) I had answered.
Future And Immediate Future	Immediate Past Future
T[Zso d/tK**rk**. (Uttar deva**nga**.) I will answer.	T[Zso d/D tkbk **;h**. (Uttar denh wala **si**.) I was about to answer.

Imperative	
Single And Polite	Future Polite
T[Zso **d/t'**. (Uttar **devo**.) Do answer.	T[Zso d/ **d/Dk**. (Uttar de **denha**.) Please answer.
Present	Habitual And Consumptive
------------------aT[Zso **d/tK**. (Uttar **devan**.) Do I answer.	T[Zso fdzdk **jK**. .(Uttar dinda **han**.) I answer.
Perfect And Immediate Future T[Zso d/ **fdZsk**. (Uttar de **ditta**.) I have answered.	

Conditional	
Present And Habitual	Continuous And Preterite
T[Zso **fdzdk**. (Uttar **dianda**.) He answers.	T[Zso d/ fojk jz[dk. (Uttar **de riha hunda**.) He would be answering.

Presumptive	
Present And Imperfective	Continuous And Future Perfect
ਉੱਤਰ **ਦਿੰਦਾ ਹੋਵਾਂਗਾ**. (Uttar **dianda hovanga**.) I would be answering.	ਉੱਤਰ **ਦੇ ਰਿਹਾ ਹੋਵਾਂਗਾ**. (Uttar **de riha hovanga**.) I would have been answering.

(4) To appear

| Infinitive | To Appear | ftykJh d/Dk (Vikhaee denha) |

Indicative	
Present	Past
ftykJh fdzdk **jK**. (Vikhaee dinda **han**.) I appear.	ftykJh fdzdk **;h**. (Vikhaee dinda **si**.) I appeared.
Preterite And Perfect	Pluperfect
ftykJh **fdZsk j'fJnk**. (Vikhaee **ditta hoeia**.) It is appeared.	ftykJh **fdZsk ;h**. (Vikhaee **ditta si**.) I had appeared.
Future And Immediate Future	Immediate Past Future
ftykJh d/tK**rk**. (Vikhaee devan**ga**.) I will appear.	ftykJh d/D tkbk ;h. (Vikhaee denh wala **si**.) I was about to appear.

Imperative	
Single And Polite	Future Polite
ftykJh **d/t'**. (Vikhaee **devo**.) Do appear.	ftykJh d/ **d/Dk**. (Vikhaee de **denha**.) Please appear.
Present	Habitual And Consumptive
ftykJh **d/tK**. (Vikhaee **devan**.) Do I appear.	ftykJh fdzdk **jK**. (Vikhaee dinda **han**.) I appear.
Perfect And Immediate Future ftykJh d/ **fdZsk**. (Vikhaee de **ditta**.) I have appeared.	

Conditional	
Present And Habitual	Continuous And Preterite
ftykJh **fdzdk**. (Vikhaee **dinda**.) He appears.	ftykJh **d/ fojk j[zdk**. (Vikhaee **de riha hunda**.) He would be appearing.

Presumptive	
Present And Imperfective	Continuous And Future Perfect
ਵਿਖਾਈ **ਦਿੰਦਾ ਹੋਵਾਂਗਾ**. (Vikhaee **dinda hovanga**.) I would be appearing.	ਵਿਖਾਈ **ਦੇ ਰਿਹਾ ਹੋਵਾਂਗਾ**. (Vikhaee **de riha hovanga**.) I would have been appearing.

(5) To ask

Infinitive	To Ask	g[ZSDk (Puchhanha)

Indicative	
Present	Past
g[ZSdk **jK.** (Puchhada **han**.) I ask.	g[ZSdk **;h.** (Puchhada **si**.) I asked.
Preterite And Perfect	Pluperfect
g[ZSdk **j'fJnk.** (Puchhada **hoeia**.) It is asked.	g[ZfSnk **;h.** (Puchhia **si**.) I had asked.
Future And Immediate Future	Immediate Past Future
g[ZfSnk eoK**rk.** (Puchhia karan**ga**.) I will ask.	g[ZSD tkbk **;h.** (Puchhan wala **si**.) I was about to ask.

Imperative	
Single And Polite	Future Polite
g[Z**S'.** (Pu**chho.**) Do ask.	g[ZS **b?Dk.** (Puchh **lainha**.) Please ask.

Subjunctive	
Present	Habitual And Consumptive
g[Z**SK.** (Pu**chhan**.) Do I ask.	g[ZSdk **jK.** (Puchhda **han**.) I ask.
Perfect And Immediate Future	
g[ZS **fbnk.** (Puchh **lia**.) I have asked.	

Conditional	
Present And Habitual	Continuous And Preterite
ਪੁੱਛਦਾ.	ਪੁੱਛ ਰਿਹਾ ਹੁੰਦਾ.
(Puchh**da**.)	(Puchh **riha hunda**.)
He asks.	He would be asking.

Presumptive	
Present And Imperfective	Continuous And Future Perfect
ਪੁੱਛਦਾ ਹੋਵਾਂਗਾ.	ਪੁੱਛ ਰਿਹਾ ਹੋਵਾਂਗਾ.
(Puchhda **hovanga**.)	(Puchh **riha hovanga**.)
I would be asking.	I would have been asking.

(6) To be

Infinitive	To Be	ਹੋਣਾ (Honha)

Indicative	
Present	Past
ਹੁੰਦਾ ਹਾਂ. (Hunda **han**.) I am.	ਹੁੰਦਾ ਸੀ. (Hunda **si**.) I was.
Preterite And Perfect	Pluperfect
ਹੋਇਆ ਹੈ. (Hoeia **hai**.) It has been.	ਹੋਇਆ ਸੀ. (Hoeia **si**.) I had been.
Future And Immediate Future	Immediate Past Future
ਹੋਇਆ ਕਰਾਂਗਾ. (Hoeia karan**ga**.) I will be.	ਹੋਣ ਵਾਲਾ ਸੀ. (Honh wala **si**.) I was about to be.

Imperative	
Single And Polite	Future Polite
ਹੋਵੋ. (Ho**vo**.) Be.	ਹੋ ਜਾਣਾ. (Ho **janha**.) Please be.

Subjunctive	
Present	Habitual And Consumptive
ਹੋਵਾਂ. (Ho**van**.) Do I be.	ਹੁੰਦਾ ਹਾਂ. (Hunda **han**.) I am.
Perfect And Immediate Future ਹੋ ਗਿਆ. (Ho **gia**.) I have been.	

Conditional	
Present And Habitual	Continuous And Preterite
ਹੁੰਦਾ. (Hun**da**.) He is.	ਹੋ ਰਿਹਾ ਹੁੰਦਾ. (Ho **riha hunda**.) He would be.

Presumptive	
Present And Imperfective	Continuous And Future Perfect
`jz[dk j'tKrk.`	`j' fojk j'tKrk.`
(Hunda **hovanga**.)	(Ho **riha hovanga**.)
I would be being.	I would have been being.

(7) To be able to

Infinitive	To be able	:'r pDBk. (Yog banhana)

Indicative	
Present	Past
:'r pDdk jK. (Yoga banhda **han**.) I am able to.	:'r pDdk ;**h**. (Yoga banhda **si**.) I was able to.
Preterite And Perfect	Pluperfect
:'r pfDnk j'fJnk j?. (Yoga banhia **hoeia hai**.) It is abled to.	:'r **pfDnk** ;h . (Yoga **banhia si**.) I had abled to.
Future And Immediate Future	Immediate Past Future
:'r pDkrK. (Yoga banha**gan**.) I will be able to.	:'r pDB tkbk ;h. (Yoga banhn wala si.) I was about to be able to.

Imperative	
Single And Polite	Future Polite
:'r **pD'**. (Yoga **banho**.) Be able to.	:'r pD **ikDk**. (Yoga banh **janha**.) Please be able to.

Subjunctive	
Present	Habitual And Consumptive
:'r **pDK**. (Yoga **banhan**.) Do I be able to.	:'r pDdk jK. (Yoga banhda **han**.) I am able to.
Perfect And Immediate Future :'r pD **frnk**. (Yoga banh **gia**.) I have been able to.	

Conditional	
Present And Habitual	Continuous And Preterite
:'r **pDdk**. (Yoga **banhda**). He is able to.	:'r pD **fojk j[zdk**. (Yoga banh **riha hunda**.) He would be able to.

Presumptive	
Present And Imperfective	Continuous And Future Perfect
:'r pDdk j'tKrk. (Yoga banhda **hovanga**.) I would be able to.	:'r pD **fojk** j'tKrk. (Yoga banh **riha hovanga**.) I would have been able to.

(8) To Become

Infinitive	To become	pDBk (Banhana)

Indicative	
Present	Past
pDdk **jK**. (Banhda **han**.) I become.	pDdk **;h**. (Banhda **si**.) I became.
Preterite And Perfect	Pluperfect
pfDnk **j'fJnk**. (Banhia **hoeia**.) It is become.	pfDnk **;h**. (Banhia **si**.) I had become.
Future And Immediate Future	Immediate Past Future
pDk**rk**. (Banha**ga**.) I will become.	pDB tkbk **;h**. (Banhan wala **si**.) I was about to become.

Imperative	
Single And Polite	Future Polite
pD**'**. (Ba**nho**.) Do become.	pD **ikDk**. (Banh **janha**.) Please become.

Subjunctive	
Present	Habitual And Consumptive
pD**K**. (Ban**han**.) Do I become.	pDdk **jK**. (Banhda **han**.) I become.
Perfect And Immediate Future pD **frnk**. (Banh **gia**.) I have become.	

Conditional	
Present And Habitual	Continuous And Preterite
pDdk.	pD fojk jz[dk.
(Banha**da**.)	(Banha **riha hunda**.)
He becomes.	He would be becoming.

Presumptive	
Present And Imperfective	Continuous And Future Perfect
pDdk j'tKrk.	pD fojk j'tKrk I
(Banhda **hovanga**.)	(Banha **riha hovanga**.)
I would be becoming.	I would have been becoming.

(9) To begin

Infinitive	To begin	P[o{ eoBk (Shuroo karna)

Indicative	
Present	Past
P[o{ eodk **jK.** (Shuroo karda **han**.) I begin.	P[o{ eodk **;h.** (Shuroo karda **si**.) I began.
Preterite And Perfect	Pluperfect
P[o{ **ehsk j'fJnk.** (Shuroo **kitta hoeia**.) It is begun.	P[o{ **ehsk ;h.** (Shuroo **kitta si**.) I had begun.
Future And Immediate Future	Immediate Past Future
P[o{ eo**Krk.** (Shuroo karan**ga**.) I will begin.	P[o{ eoB tkbk **;h.** (Shuroo karn wala **si**.) I was about to begin.

Imperative	
Single And Polite	Future Polite
P[o{ **eo'.** (Shuroo **karo**.) Do begin.	P[o{ eo **b?Dk.** (Shuroo kar **lainha**.) Please begin.

Subjunctive	
Present	Habitual And Consumptive
P[o{ **eoK.** (Shuroo **karan**.) Do I begin.	P[o{ eodk **jK.** (Shuroo karda **han**.) I begin.
Perfect And Immediate Future P[o{ eo **fbnk.** (Shuroo kar **lia**.) I have begun.	

Conditional	
Present And Habitual	Continuous And Preterite
P[o{ **eodk.** (Shuroo **karda**.) He begins.	P[o{ **eo fojk j[zdk.** (Shuroo **kar riha hunda**.) He would be beginning.

Presumptive	
Present And Imperfective	Continuous And Future Perfect
ਸ਼ੁਰੂ **ਕਰਦਾ ਹੋਵਾਂਗਾ**.	ਸ਼ੁਰੂ **ਕਰ ਰਿਹਾ ਹੋਵਾਂਗਾ**.
(Shuroo **karda hovanga**.)	(Shuroo **kar riha hovanga**.)
I would be beginning.	I would have been beginning.

(10) To break

Infinitive	To break	s'VBk (Torhana)

Indicative	
Present	Past
s'Vdk jK. (Torhda han.) I break.	s'Vdk ;h. (Torhda si.) I broke.
Preterite And Perfect	Pluperfect
s'fVnk j'fJnk. (Torhia hoeia.) It is broken.	s'fVnk ;h. (Torhia si.) I had broken.
Future And Immediate Future	Immediate Past Future
s'fVnk eoKrk. (Torhia karanga.) I will break.	s'VB tkbk ;h. (Torhan wala si.) I was about to break.

Imperative	
Single And Polite	Future Polite
s'fVnk eo'. (Torhia karo.) Do break.	s'V b?Dk. (Torh lainha.) Please break.

Subjunctive	
Present	Habitual And Consumptive
s'VK. (Torhan.) Do I break.	s'Vdk jK. (Torhada han.) I break.
Perfect And Immediate Future s'V fbnk. (Torh lia.) I have broken.	

Conditional	
Present And Habitual	Continuous And Preterite
s'Vdk. (Torhda.) He breaks.	s'V fojk j[zdk. (Torh riha hunda.) He would be breaking.

Presumptive	
Present And Imperfective	Continuous And Future Perfect
s'Vdk j'tKrk. (Torhda **hovanga**.) I would be breaking.	s'V fojk j'tKrk. (Torh **riha hovanga**.) I would have been breaking.

(11) To breathe

Infinitive	To breathe	;kj b?Dk (Saah lainha.)

Indicative	
Present	Past
;kj b?Adk **jK.** (Saah lainda **han.**) I breathe.	;kj b?Adk **;h.** (Saah lainda **si.**) I breathed.
Preterite And Perfect	Pluperfect
;kj **fbnk j'fJnk.** (Saah **lia hoiea.**) It is breathed.	;kj **fbnk ;h.** (Saah **lia si.**) I had breathed.
Future And Immediate Future	Immediate Past Future
;kj **btKrk.** (Saah **lavanga.**) I will breathe.	;kj b?D tkbk **;h.** (Saah lainh wala **si.**) I was about to breathe.

Imperative	
Single And Polite	Future Polite
;kj **bt'.** (Saah **lavo.**) Do breathe.	;kj b? **b?Dk.** (Saah la **lainha.**) Please breathe.

Subjunctive	
Present	Habitual And Consumptive
;kj **btK.** (Saah **lavan.**) Do I breathe.	;kj b?Adk **jK.** (Saah lainda **han.**) I breathe.
Perfect And Immediate Future ;kj b? **fbnk.** (Saah lai **lia.**) I have breathed.	

Conditional	
Present And Habitual	Continuous And Preterite
;kj **b?Adk.** (Saah **lainda.**) He breathes.	;kj b? fojk jz[dk. (Saah **lai riha hunda.**) He would be breathing.

Presumptive	
Present And Imperfective ;kj b?Adk j'tKrk. (Saah **lainda hovanga**.) I would be breathing.	Continuous And Future Perfect ;kj b? fojk j'tKrk. (Saah **lai riha hovanga**.) I would have been breathing.

(12) To Buy

Infinitive	To buy	yohdDk (Khridanha)

Indicative	
Present	Past
yohd dk **jK**. (Kharid da **han**.) I buy.	yohd dk **;h**. (Khrid da **si**.) I bought.
Preterite And Perfect	Pluperfect
yohdhnk **j'fJnk**. (Khridia **hoiea**.) It is bought.	yohdhnk **;h**. (Khridia **si**.) I had bought.
Future And Immediate Future	Immediate Past Future
yohdk**rk**. (Khrida**ga**.) I will buy.	yohdD tkbk **;h**. (Khridanh wala **si**.) I was about to buy.

Imperative	
Single And Polite	Future Polite
yohd **eo'**. (Khrid **karo**.) Do buy.	yohd **b??Dk**. (Khrid **lainha**.) Please buy.

Subjunctive	
Present	Habitual And Consumptive
yohd **eoK**. (Khrid **karan**.) Do I buy.	yohd dk **jK**. (Khrid da **han**.) I buy.
Perfect And Immediate Future yohd **fbnk**. (Khrid **lia**.) I have bought.	

Conditional	
Present And Habitual	Continuous And Preterite
yohd **dk**.	yohd **fojk jz[dk**.
(Khrid **da**.)	(Khrid **riha hunda**.)
He buys.	He would be buying.

Presumptive	
Present And Imperfective	Continuous And Future Perfect
yohd dk **j'tKrk**.	yohd **fojk j'tKrk**.
(Khrid da **hovanga**.)	(Khrid **riha hovange**.)
I would be buying.	I would have been buying.

(13) To Call

Infinitive	To call	p[bkT[Dk (Bulaaunha)

Indicative	
Present	Past
p[bkT[Adk **jK.** (Bulaaunda **han**.) I call.	p[bkT[Adk **;h.** (Bulaaunda **si**.) I called.
Preterite And Perfect	Pluperfect
p[bkfJnk **j'fJnk.** (Bulaaeia **hoeia**.) It is called.	p[bkfJnk **;h.** (Bulaaeia **si**.) I had called.
Future And Immediate Future	Immediate Past Future
p[bktK**rk.** (Bulaavan**ga**.) I will call.	p[bkT[D tkbk **;h.** (Bulaaunh wala **si**.) I was about to call.

Imperative	
Single And Polite	Future Polite
p[bk**T[.** (Bula**ao**.) Do call.	p[bk **b?Dk.** (Bulaa **lainha**.) Please call.

Subjunctive	
Present	Habitual And Consumptive
p[bk**tK.** (Bulaa**van**.) Do I call.	p[bkT[Adk **jK.** (Bulaanda **han**.) I call.
Perfect And Immediate Future p[bk **fbnk.** (Bulaa **lia**.) I have called.	

Conditional	
Present And Habitual	Continuous And Preterite
p[bkT[**Adk.** (Bulaaun**da**.) He calls.	p[bk **fojk j[zdk.** (Bulaa **riha hunda**.) He would be calling.

Presumptive	
Present And Imperfective	Continuous And Future Perfect
p[bkT[Adk **j'tKrk.** (Bulaaunda **hovanga**.) I would be calling.	p[bk **fojk j'tKrk.** (Bulaa **riha hovanga**.) I would have been calling.

(14) To can

Infinitive	To can	;edk (Sakda)

Indicative	
Present	Past
;edk jK.	;edk ;h.
(Sakda han.)	(Sakda si.)
I can.	I could.
Preterite And Perfect	Pluperfect
;fenk j'fJnk j?.	;fenk ;h.
(Sakia hoeia hai.)	(Sakia si.)
It is can.	I had can.
Future And Immediate Future	Immediate Past Future
;eKrk.	;eD tkbk ;h.
(Sakanga.)	(Saknh wala si.)
I will be able to.	I was about to be able to.

Imperative	
Single And Polite	Future Polite
;e'.	;e b?Dk.
(Sako.)	(Sak lainha.)
Do can.	Please can.

Subjunctive	
Present	Habitual And Consumptive
;eK.	;ed/ jK.
(Sakan.)	(Sakde han.)
Do I can.	I can.
Perfect And Immediate Future	
;fenk.	
(Sakiaa.)	
I have can.	

Conditional	
Present And Habitual	Continuous And Preterite
;edk.	;ed/ .
(Sakda.)	(Sakde.)
He can.	He would be can.

Presumptive	
Present And Imperfective	Continuous And Future Perfect
;edk j'tKrk.	;ed/ fojk j'tKrk.
(Sakda **hovanga**.)	(Sakde **riha hovanga**.)
I would be able to.	I would have been able to.

(15) To choose

Infinitive	To choose	u[DBk (Chunhana)

Indicative	
Present	Past
u[Ddk jK. (Chunhda han.) I choose.	u[Ddk ;h. (Chunhda si.) I chose.
Preterite And Perfect	Pluperfect
uf[Dnk j'fJnk. (Chunhia hoeia.) It is chosen.	u[fDnk ;h. (Chunhia si.) I had chosen.
Future And Immediate Future	Immediate Past Future
u[DKrk. (Chunhanga.) I will choose.	u[DB tkbk ;h. (Chunhn wala si.) I was about to choose.

Imperative	
Single And Polite	Future Polite
u[D'. (Chunho.) Do choose.	u[D b?Dk. (Chunh lainha.) Please choose.

Subjunctive	
Present	Habitual And Consumptive
u[DK. (Chunhan.) Do I choose.	u[Ddk jK. (Chunda han.) I choose.
Perfect And Immediate Future u[D fbnk. (Chunh lia.) I have chosen.	

Conditional	
Present And Habitual u[Ddk. (Chunhda.) He chooses.	Continuous And Preterite u[D fojk jz[dk. (Chunh riha hunda.) He would be choosing.

Presumptive	
Present And Imperfective u[Ddk j'tKrk. (Chunhda **hovanga**.) I would be choosing.	Continuous And Future Perfect u[D fojk j'tKrk. (Chunh **riha hovanga**.) I would have been choosing.

(16) To close

Infinitive	To close	pzd eoBk (Band karna)

Indicative	
Present	Past
pzd eodk **jK.** (Band karda **han**.) I close.	pzd eodk **;h.** (Band karda **si**.) I closed.
Preterite And Perfect	Pluperfect
pzd **ehsk j'fJnk.** (Band **kitta hoeia**.) It is closed.	pzd **ehsk ;h.** (Band **kitta si**.) I had closed.
Future And Immediate Future	Immediate Past Future
pzd eoK**rk.** (Band kara**nga**.) I will close.	pzd eoB tkbk **;h.** (Band karan wala **si**.) I was about to close.

Imperative	
Single And Polite	Future Polite
pzd **eo'.** (Band **karo**.) Do close.	pzd eo **b?Dk.** (Band kar **lainha**.) Please close.

Subjunctive	
Present	Habitual And Consumptive
pzd **eoK.** (Band **karan**.) Do I close.	pzd eodk **jK.** (Band karda **han**.) I close.
Perfect And Immediate Future pzd eo **fbnk.** (Band kar **lia**.) I have closed.	

Conditional	
Present And Habitual	Continuous And Preterite
pzd **eodk.** (Band **karda**.) He closes.	pzd **eo fojk jz[dk.** (Band **kar riha hunda**.) He would be closing.

Presumptive	
Present And Imperfective	Continuous And Future Perfect
```pzd eodk j'tKrk.``` (Band **karda hovanga**.) I would be closing.	```pzd eo fojk j'tKrk.``` (Band **kar riha hovanga**.) I would have been closing.

(17) To come

Infinitive	To come	nkT[Dk (Aaunha)

Indicative	
Present	Past
nkT[Adk **jK.**	nkT[Adk **;h.**
(Aaunda **han**.)	(Aaunda **si**.)
I come.	I came.
Preterite And Perfect	Pluperfect
nkfJnk **j'fJnk.**	nkfJnk **;h.**
(Aaeia **hoeia**.)	(Aaeia **si**.)
It is come.	I had come.
Future And Immediate Future	Immediate Past Future
nkT[**rK.**	nkT[D tkbk **;h.**
(Aau**gan**.)	(Aaunh wala **si**.)
I will come.	I was to come.

Imperative	
Single And Polite	Future Polite
nkT[.	nk **ikDk.**
(**Aao**.)	(Aa **janha**.)
Do come.	Please come.

Subjunctive	
Present	Habitual And Consumptive
nk **iktK.**	nkT[Adk **jK.**
(Aa **javan**.)	(Aaunda han.)
Do I come.	I come.
Perfect And Immediate Future	
nk **frnk.**	
(Aa **gia**.)	
I have come.	

Conditional	
Present And Habitual nkT[A**dk**. (Aaun**da**.) He comes.	Continuous And Preterite nk **fojk j[zdk**. (Aa **riha hunda**.) He would be coming.

Presumptive	
Present And Imperfective nkT[Adk **j'tKrk**. (Aaunda **hovanga**.) I would be coming.	Continuous And Future Perfect nk **fojk j'tKrk**. (Aa **riha hovanga**.) I would have been coming.

(18) To cook

Infinitive	To cook	gekT[Dk (Pakaaunha)

Indicative	
Present	Past
gekT[Adk **jK**. (Pakaunda **han**.) I cook.	gekT[Adk **;h**. (Pakaunda **si**.) I cooked.
Preterite And Perfect	Pluperfect
gekfJnk **j'fJnk**. (Pakaeia **hoeia**.) It is cooked.	gekfJnk **;h**. (Pakaeia **si**.) I had cooked.
Future And Immediate Future	Immediate Past Future
gektK**rk**. (Pakavan**ga**.) I will cook.	gekT[D tkbk **;h**. (Pakaunh wala **si**.) I was about to cook.

Imperative	
Single And Polite	Future Polite
gek**T[**. (Paka**o**.) Do cook.	gek **b?Dk**. (Paka **lainha**.) Please cook.

Subjunctive	
Present	Habitual And Consumptive
gek**tK** (Paka**van**.) Do I cook.	gekT[Adk **jK**. (Pakaunda **han**.) I cook.
Perfect And Immediate Future gek **fbnk**. (Paka **lia**.) I have cooked.	

Conditional	
Present And Habitual	Continuous And Preterite
gekT[A**dk**. (Pakau**da**.) He cooks.	gek **fojk jz[dk**. (Paka **riha hunda**.) He would be cooking.

Presumptive	
Present And Imperfective	Continuous And Future Perfect
ਪਕਾਉਂਦਾ **ਹੋਵਾਂਗਾ**.	ਪਕਾ **ਰਿਹਾ ਹੋਵਾਂਗਾ**.
(Pakauda **hovanga**.)	(Paka **riha hovanga**.)
I would be cooking.	I would have been cooking.

(19) To cry

Infinitive	To cry	uheDk (Cheekanha)

Indicative	
Present	Past
uhedk **jK.** (Cheekada **han**.) I cry.	uhedk **;h.** (Cheekada **si**.) I cried.
Preterite And Perfect	Pluperfect
uhefJnk **j'fJnk.** (Cheekaeia hoeia.) It is cried.	uhefJnk **;h.** (Cheekaeia **si**.) I had cried.
Future And Immediate Future	Immediate Past Future
uhek**rk.** (Cheeka**ga**.) I will cry.	uheD tkbk **;h.** (Cheekanh wala **si**.) I was about to cry.

Imperative	
Single And Polite	Future Polite
uhe**'**. (Chee**ko**.) Do cry.	uhe **b?Dk.** (Cheek **lainha**.) Please cry.

Subjunctive	
Present	Habitual And Consumptive
uhe**K.** (Chee**kan**.) Do I cry.	uhedk **jK.** (Cheekda **han**.) I cry.
Perfect And Immediate Future uhe **fbn**k. (Cheek **lia**.) I have cried.	

Conditional	
Present And Habitual uhedk . (Cheekada.) He cries.	Continuous And Preterite uhe **fojk jz[dk.** (Cheek **riha hunda**.) He would be crying.

Presumptive	
Present And Imperfective	Continuous And Future Perfect
ਚੀਕਦਾ ਹੋਵਾਂਗਾ. (Cheekada **hovanga**.) I would be crying.	ਚੀਕ **ਰਿਹਾ** ਹੋਵਾਂਗਾ. (Cheek **riha hovanga**.) I would have been crying.

(20) To Dance

Infinitive	To Dance	BZuDk (Nachanha)

Indicative	

Present	Past
BZudk **jK.**	BZudk **;h.**
(Nachda **han**.)	(Nachda **si**.)
I dance.	I danced.
Preterite And Perfect	Pluperfect
BZfunk **j'fJnk.**	BZfunk **;h.**
(Nachia **hoeia**.)	(Nachia **si**.)
It is danced.	I had danced.
Future And Immediate Future	Immediate Past Future
BZuk**rK.**	BZuD tkbk **;h.**
(Nacha**gan**.)	(Nachnh wala **si**.)
I will dance.	I was about to dance.

Imperative	
Single And Polite	Future Polite
BZ**u'.**	BZu **b?Dk.**
(Na**cho**.)	(Nach **lainha**.)
Do dance.	Please dance.

Subjunctive	
Present	Habitual And Consumptive
BZu**K.**	BZudk **jK.**
(Na**chan**.)	(Nachda **han**.)
Do I dance.	I dance.
Perfect And Immediate Future	
BZu **fbnk.**	
(Nach **lia**.)	
I have danced.	

Conditional	
Present And Habitual	Continuous And Preterite
BZu**dk**.	BZu **fojk jz[dk**.
(Nach**da**.)	(Nach **riha hunda**.)
He dances.	He would be dancing.

Presumptive	
Present And Imperfective	Continuous And Future Perfect
BZudk **j'tKrk**.	BZu **fojk j'tKrk**.
(Nachda **hovanga**.)	(Nach **riha hovanga**.)
I would be dancing.	I would have been dancing.

(21) To Decide

Infinitive	To decide	c?;bk eoBk (Phaisala karna.)

Indicative	
Present	Past
c?;bk eodk **jK**. (Phaisala karda **han**.) I decide.	c?;bk eodk **;h**. (Phaisala karda **si**.) I decided.
Preterite And Perfect	Pluperfect
c?;bk **ehsk j'fJnk**. (Phaisala **kitta hoeia**.) It is decided.	c?;bk **ehsk ;h**. (Phaisala **kitta si**.) I had decided.
Future And Immediate Future	Immediate Past Future
c?;bk eoK**rk**. (Phaisala kara**nga**.) I will decide.	c?;bk eoB tkbk **;h**. (Phaisala karn wala **si**.) I was about to decide.

Imperative	
Single And Polite	Future Polite
c?;bk **eo'**. (Phaisala **karo**.) Do decide.	c?;bk eo **b?Dk**. (Phaisala kar **lainha**.) Please decide.

Subjunctive	
Present	Habitual And Consumptive
c?;bk **eoK**. (Phaisala **karan**.) Do I decide.	c?;bk eodk **jK**. (Phaisala karda **han**.) I decide.
Perfect And Immediate Future c?;bk eo **fbnk**. (Phasla kar **lia**.) I have decied.	

Conditional	
Present And Habitual	Continuous And Preterite
c?;bk **eodk**. (Phaisala **karda**.) He decides.	c?;bk eo fojk jz[dk. (Phaisala **kar riha hunda**.) He would be deciding.

Presumptive	
Present And Imperfective	Continuous And Future Perfect
c?;bk **eodk j'tKrk.** (Phaisala **karda hovanga**.) I would be deciding.	c?;bk **eo fojk j'tKrk.** (Phaisala **kar riha hovanga**.) I would have been deciding.

(22) To Decrease

Infinitive	To decrease	xZN eoBk (Ghat karna.)

Indicative	
Present	Past
xZN eodk **jK**. (Ghat karda **han**.) I decrease.	xZN eodk **;h**. (Ghat karda **si**.) I decreased.
Preterite And Perfect	Pluperfect
xZN **ehsk j'fJnk**. (Ghat **kitta hoeia**.) It is decreased.	xZN **ehsk ;h**. (Ghat **kitta si**.) I had decreased.
Future And Immediate Future	Immediate Past Future
xZN eok**rK**. (Ghat **karanga**.) I will decrease.	xZN eoB tkbk **;h**. (Ghat karn wala **si**.) I was about to decrease.

Imperative	
Single And Polite	Future Polite
xZN **eo'**. (Ghat **karo**.) Do decrease.	xZN eo **b?Dk**. (Ghat kar **lainha**.) Please decrease.

Subjunctive	
Present	Habitual And Consumptive
xZN **eoK**. (Ghat **karan**.) Do I decrease.	xZN eodk **jK**. (Ghat karda **han**.) I decrease.
Perfect And Immediate Future xZN eo **fbnk**. (Ghat kar **lia**.) I have decreased.	

Conditional	
Present And Habitual	Continuous And Preterite
xZN **eodk**. (Ghat **karda**.) He decreas.	xZN **eo fojk jz[dk**. (Ghat **kar riha hunda**.) He would be decreasing.

Presumptive	
Present And Imperfective	Continuous And Future Perfect
xZN **eodk j'tKrk.**	xZN **eo fojk j'tKrk.**
(Ghat **karda hovanga**.)	(Ghat **kar riha hovanga**.)
I would bedecreasing.	I would have been decreasing.

(23) To Die

Infinitive	To die	woBk (Marana)

Indicative	
Present	Past
wodk jK. (Marda **han**.) I die.	wodk ;h. (Marda **si**.) I died.
Preterite And Perfect	Pluperfect
wfonk j'fJnk. (Maria **hoeia**.) It is died.	wfonk ;h. (Maria **si**.) I had died.
Future And Immediate Future	Immediate Past Future
wokrk. (Mara**ga**.) I will die.	woB tkbk ;h. (Maran wala **si**.) I was about to die.

Imperative	
Single And Polite	Future Polite
wo'. (Ma**ro**.) Do die.	wo ikDk. (Mar **janha**.) Please die.

Subjunctive	
Present	Habitual And Consumptive
woK. (Ma**ran**.) Do I die.	wodk jK. (Marda **han**.) I die.
Perfect And Immediate Future	
wo frnk. (Mar gia.) I have died.	

Conditional	
Present And Habitual	Continuous And Preterite
wodk. (Mar**da**.) He dies.	wo fojk jz[dk. (Mar **riha hunda**.) He would be dying.

Presumptive	
Present And Imperfective	Continuous And Future Perfect
ਮਰਦਾ ਹੋਵਾਂਗਾ. (Marda **hovanga**.) I would be dying.	ਮਰ ਰਿਹਾ ਹੋਵਾਂਗਾ. (Mar **riha hovanga**.) I would have been dying.

(24) To Do

Infinitive	To Do	eoBk (Karna)

Indicative	
Present	Past
eodk jK. (Karda han.) I do.	eodk ;h. (Karda si.) I did.
Preterite And Perfect	Pluperfect
efonk j'fJnk. (Karia hoeia.) It is done.	efonk ;h. (Karia si.) I had done.
Future And Immediate Future	Immediate Past Future
eokrK. (Karagan.) I will do.	eoB tkbk ;h. (Karn wala si.) I was about to do.

Imperative	
Single And Polite	Future Polite
eo'. (Karo.) Do.	eo b?Dk. (Kar lainha.) Please do.

Subjunctive	
Present	Habitual And Consumptive
eoK. (Karan.) Do I do.	eodk jK. (Karda han.) I do.
Perfect And Immediate Future eo fbnk. (Kar lia.) I have done.	

Conditional	
Present And Habitual eodk. (Karda.) He does.	Continuous And Preterite eo fojk jz[dk. (Kar riha hunda.) He would be doing.

Presumptive	
Present And Imperfective	Continuous And Future Perfect
ਕਰਦਾ ਹੋਵਾਂਗਾ. (Karda **hovanga**.) I would be doing.	ਕਰ ਰਿਹਾ ਹੋਵਾਂਗਾ. (Kar **riha hovanga**.) I would have been doing.

(25) To Drink

Infinitive	To drink	ghDk (Peenha)

Indicative	
Present	Past
ghAdk jK. (Peenda han.) I drink.	ghAdk ;h. (Peenda si.) I drank.
Preterite And Perfect	Pluperfect
ghAsk j'fJnk. (Peetta hoeia.) It is drunk.	ghsk ;h. (Peetta si.) I had drunk.
Future And Immediate Future	Immediate Past Future
ghtKrk. (Peevanga.) I will drink.	ghD tkbk ;h. (Peenh wala si.) I was about to drink.

Imperative	
Single And Polite	Future Polite
ghT[. (Peeo.) Do drink.	gh b?Dk. (Pee lainha.) Please drink.

Subjunctive	
Present	Habitual And Consumptive
ghtK. (Peevan.) Do I drink.	ghAdk jK. (Peenda han.) I drink.
Perfect And Immediate Future gh fbnk. (Pee lia.) I have drunk.	

Conditional	
Present And Habitual	Continuous And Preterite
ghAdk. (Peenda.) He drinks.	gh fojk jz[dk. (Pee riha hunda.) He would be drinking.

Presumptive	
Present And Imperfective	Continuous And Future Perfect
ghAdk j'tKrk. (Peenda **hovanga**.) I would be drinking.	gh fojk j'tKrk. (Pee **riha hovanga**.) I would have been drinking.

(26) To Drive

Infinitive	To drive	ubkT[Dk (Chlaaunha)

Indicative	
Present	Past
ubkTA[dk **jK.** (Chlaaunda **han**.) I drive.	ubkT[Adk **;h.** (Chlaaunda **si**.) I drove.
Preterite And Perfect	Pluperfect
ubkfJnk **j'fJnk.** (Chlaaunda **hoeia**.) It is driven.	ubkfJnk **;h.** (Chlaaeia **si**.) I had drived.
Future And Immediate Future	Immediate Past Future
ubkfJnk **eokrK.** (Chlaaeia **karagan**.) I will drive.	ubkT[D tkbk **;h.** (Chlaaunh wala si.) I was about to drive.

Imperative	
Single And Polite	Future Polite
ubkT[. (Chlaa**o**.) Do drive.	ubk **b?Dk.** (Chalaa **lainha**.) Please drive.

Subjunctive	
Present	Habitual And Consumptive
ubk**tK.** (Chlaa**van**.) Do I drive.	ubkT[Adk **jK.** (Chlaaunda **han**.) I drive.
Perfect And Immediate Future ubk **fbnk.** (Chalaa **lia**.) I have drived.	

Conditional	
Present And Habitual ubkTA[**dk.** (Chlaaun**da**.) He drives.	Continuous And Preterite ubk **fojk j[zdk.** (Chlaa **riha hunda**.) He would be driving.

Presumptive	
Present And Imperfective	Continuous And Future Perfect
ubkTA[dk **j'tKrk.** (Chlaaunda **hovanga**.) I would be driving.	ubk **fojk j'tKrk.** (Chalaa **riha hovanga**.) I would have been driving.

(27). To eat

Infinitive	To eat	yKDk (Khanha.)

Indicative	
Present	Past
yKdk **jK.** (Khanda **han**.) I eat.	yKdk **;h.** (Khanda **si**.) I ate.
Preterite And Perfect	Pluperfect
ykXk **j'fJnk.** (Khadha **hoeia**.) It is eaten.	ykXk **;h.** (Khadha **si**.) I had eaten.
Future And Immediate Future	Immediate Past Future
yktkrK. (Khava**gan**.) I will eat.	ykD tkbk **;h.** (Khanh wala **si**.) I was about to eat.

Imperative	
Single And Polite	Future Polite
ykt'. (Kha**vo**.) Do eat.	yk b?Dk. (Kha **lainha**.) Please eat.

Subjunctive	
Present	Habitual And Consumptive
yktK. (Kha**van**.) Do I eat.	yKdk **jK.** (Khanda **han**.) I eat.
Perfect And Immediate Future yk fbnk. (Kha **lia**.) I have eaten.	

Conditional	
Present And Habitual	Continuous And Preterite
yKdk. (Khan**da**.) He eats.	yk fojk jz[dk. (Kha **riha hunda**.) He would be eating.

Presumptive	
Present And Imperfective	Continuous And Future Perfect
ਖਾਂਦਾ **ਹੋਵਾਂਗਾ**. (Khanda **hovanga**.) I would be eating.	ਖਾ **ਰਿਹਾ ਹੋਵਾਂਗਾ**. (Kha **riha hovanga**.) I would have been eating.

(28) To enter

Infinitive	To enter	nzdo nkT[Dk (Andar aaunha)

Indicative	
Present	Past
nzdo nkT[Adk **jK**.	nzdo nkT[Adk **;h**.
(Andar aaunda **han**.)	(Andar aaunda **si**.)
I enter.	I entered.
Preterite And Perfect	Pluperfect
nzdo **nkfJnk j'fJnk**.	nzdo **nkfJnk ;h**.
(Andar **aaeia hoeia**.)	(Andar **aaeia si**.)
It is entered.	I had entered.
Future And Immediate Future	Immediate Past Future
nzdo nktK**rk**.	nzdo nkT[D tkbk **;h**.
(Andar aavan**ga**.)	(Ander aaunh wala **si**.)
I will enter.	I was about to enter.

Imperative	
Single And Polite	Future Polite
nzdo **nkt'**.	nzdo nk **ikDk**.
(Ander **aavo**.)	(Ander aa **janha**.)
Do enter.	Please enter.

Subjunctive	
Present	Habitual And Consumptive
nzdo **nktK**.	nzdo nkT[Adk **jK**.
(Ander **aavan**.)	(Ander aaunda **han**.)
Do I enter.	I enter.
Perfect And Immediate Future	
nzdo nk f**rnk**.	
(Ander aa **gia**.)	
I have entered.	

Conditional	
Present And Habitual	Continuous And Preterite
nzdo **nkT[Adk**.	nzdo **nk fojk jz[dk**.
(Ander **aaunda**.)	(Ander **aa riha hunda**.)
He enters.	He would be entering.

Presumptive	
Present And Imperfective	Continuous And Future Perfect
nzdo nkT[Adk j'tKrk. (Ander **aaunda hovanga**.) I would be entering.	nzdo nk fojk j'tKrk. (Ander **aa riha hovanga**.) I would have been entering.

(29) To exit

Infinitive	To exit	pkjo ikDk (Bahar janha)

Indicative	
Present	Past
pkjo eZYdk **jK**. (Bahar kadhda **han**.) I exit.	pkjo eZYdk **;h**. (Bahar kadhda **si**.) I exited.
Preterite And Perfect	Pluperfect
pkjo **ehsk j'fJnk**. (Bahar **kitta hoeia**.) It is exited.	pkjo **ehsk ;h**. (Bahar **kitta si**.) I had exited.
Future And Immediate Future	Immediate Past Future
pkjo eZYk**rK**. (Bahar kadha**gan**.) I will exit.	pkjo eZYD tkbk **;h**. (Bahar kadhnh wala **si**.) I was about to exit.

Imperative	
Single And Polite	Future Polite
pkjo **eZY'**. (Bahar **kado**.) Do exit.	pkjo eZY **d/Dk**. (Bahar kadh **denha**.) Please exit.

Subjunctive	
Present	Habitual And Consumptive
pkjo **eZYk**. (Bahar **kadha**.) Do I exit.	pkjo eZYdk **jK**. (Bahar kadhda **han**.) I exit.
Perfect And Immediate Future	
pkjo eZY **fbnk**. (Bahar kadh **lia**.) I have exited.	

Conditional	
Present And Habitual	Continuous And Preterite
pkjo **eZYdk**. (Bahar **kadhda**.) He exits.	pkjo **eZY fojk jz[dk**. (Bahar **kadh riha hunda**.) He would be exiting.

Presumptive	
Present And Imperfective	Continuous And Future Perfect
`pkjo eZYdk j'tKrk.` (Bahar **kadhda hovanga**.) I would be exiting.	`pkjo eZY fojk j'tKrk.` (Bahar **kadh riha hovanga**.) I would have been exiting.

(30) To Explain

| Infinitive | To explain | gqrN eoBk   (Pargat karna.) |

Indicative	
Present	Past
gqrN eodk **jK**. (Pargat karda **han**.) I explain.	gqrN eodk **;h**. (Pargat karda **si**.) I explained.
Preterite And Perfect	Pluperfect
gqrN **ehsk j'fJnk**. (Pargat **kitta hoeia**.) It is explained.	gqrN **ehsk ;h**. (Pargat **kitta si**.) I had explained.
Future And Immediate Future	Immediate Past Future
gqrN eoK**rk**. (Pargat karan**ga**.) I will explain.	gqrN eoB tkbk **;h**. (Pargat karn wala **si**.) I was about to explain.

Imperative	
Single And Polite	Future Polite
gqrN **eo'**. (Pargat **karo**.) Do explain.	gqrN eo **b?Dk**. (Pargat kar **lainha**.) Please explain.

Subjunctive	
Present	Habitual And Consumptive
gqrN **eoK**. (Pargat **karan**.) Do I explain.	gqrN eodk **jK**. (Pargat karda **han**.) I explain.
Perfect And Immediate Future gqrN eo **fbnk**. (Pargat kar **lia**.) I have explained.	

Conditional	
Present And Habitual gqrN **eodk**. (Pargat **karda**.) He explains.	Continuous And Preterite gqrN **eo fojk jz[dk**. (Pargat **kar riha hunda**.) He would be explaining.

Presumptive	
Present And Imperfective	Continuous And Future Perfect
ਪਰਗਟ **ਕਰਦਾ ਹੋਵਾਂਗਾ**. (Pargat **karda hovanga**.) I would be explaining.	ਪਰਗਟ **ਕਰ ਰਿਹਾ ਹੋਵਾਂਗਾ**. (Pargat **kar riha hovanga**.) I would have been explaining.

(31) To Fall

Infinitive	To fall	fvZr g?Dk (Dig painha)

Indicative	
Present	Past
fvZr g?dk **jK**. (Dig painda **han**.) I fall.	fvZr g?dk **;h**. (Dig painda **si**.) I fell.
Preterite And Perfect	Pluperfect
fvZfrnk **j'fJnk**. (Digia **hoeia**.) It is fallen.	fvZfrnk **;h**. (Digia **si**.) I had fallen.
Future And Immediate Future	Immediate Past Future
fvZr gtk**rK**. (Dig pava**gan**.) I will fall.	fvZr g?D tkbk **;h**. Dig painh wala **si**.) I was about to fall.

Imperative	
Single And Polite	Future Polite
fvZr **gt'**. (Dig **pavo**.) Do fall.	fvZr **g?Dk**. (Dig **painha**.) Please fall.

Subjunctive	
Present	Habitual And Consumptive
fvZr **gtK**. (Dig **pavan**.) Do I fall.	fvZr gA?dk **jK**. (Dig painda **han**.) I fall.
Perfect And Immediate Future fvZr **fgn**k. (Dig **piaa**.) I have fallen.	

Conditional	
Present And Habitual	Continuous And Preterite
fvZr **gA?dk**. (Dig **painda**.) He falls.	fvZr **fojk jz[dk** . (Dig **riha hunda**.) He would be falling.

Presumptive	
Present And Imperfective	Continuous And Future Perfect
fvZrdk **j'tKrk.** (Digda **hovanga**.) I would be falling	fvZr **fojk j'tKrk.** (Dig **riha hovang**a.) I would have been falling.

(32) To Feel

Infinitive	To feel	wfj;{; eoBk (Mahisoos karna)

Indicative	
Present	Past
wfj;{; eodk **jK.** (Mahisoos karda **han**.) I feel.	wfj;{; eodk **;h.** (Mahisoos karda **si**.) I felt.
Preterite And Perfect	Pluperfect
wfj;{; **ehsk j'fJnk.** (Mahisoos **kitta hoeia**.) It is felt.	wfj;{; **ehsk ;h.** (Mahisoos **kitta si**.) I had felt.
Future And Immediate Future	Immediate Past Future
wfj;{; eoK**rk.** (Mahisoos karan**ga**.) I will feel.	wfj;{; eoB tkbk **;h.** (Mahisoos karn wala **si**.) I was about to feel.

Imperative	
Single And Polite	Future Polite
wfj;{; **eo'.** (Mahisoos **karo**.) Do feel.	wfj;{; eo **b?Dk.** (Mahisoos kar **lainha**.) Please feel.

Subjunctive	
Present	Habitual And Consumptive
wfj;{; **eoK.** (Mahisoos **karan**.) Do I feel.	wfj;{; eodk **jK.** (Mahisoos karda **han**.) I feel.
Perfect And Immediate Future wfj;{; eo **fbnk.** (Mahisoos kar **lia**.) I have felt.	

Conditional	
Present And Habitual wfj;{; **eodk.** (Mahisoos **karda**.) He feels.	Continuous And Preterite wfj;{; **eo fojk j[zdk.** (Mahisoos **kar riha hunda**.) He would be feeling.

Presumptive	
Present And Imperfective	Continuous And Future Perfect
wfj;{; **eodk j'tKrk.** (Mahisoos **karda hovanga**.) I would be feeling.	wfj;{; **eo fojk j'tKrk.** (Mahisoos **kar riha hovanga**.) I would have been feeling.

(33) To Fight

Infinitive	To fight	bVkJh eoBk (Larhaee karna)

Indicative	
Present	Past
bVkJh eodk **jK**. (Larhaee karda **han**.) I fight.	bVkJh eodk **;h**. (Larhaee karda **si**.) I fought.
Preterite And Perfect	Pluperfect
bVkJh **eoh j'Jh j?**. (Larhaee **kari hoei hai**.) It is fought.	bVkJh **ehsh ;h**. (Larhaee **kitti si**.) I had fought.
Future And Immediate Future	Immediate Past Future
bVkJh eoK**rk**. (Larhaee kara**nga**.) I will fight.	bVkJh eoB tkbk **;h**. (Larhnaee karn wala **si**.) I was about to fight.

Imperative	
Single And Polite	Future Polite
bVkJh **eo'**. (Larhaee **karo**.) Do fight.	bVkJh eo **b?Dk**. (Larhaee kar **lainha**.) Please fight.

Subjunctive	
Present	Habitual And Consumptive
bVkJh **eoK**. (Larhaee **karan**.) Do I fight.	bVkJh eodk **jK**. (Larhaee karda **han**.) I fight.
Perfect And Immediate Future bVkJh eo **bh**. (Larhaee kar **lee**.) I have fought.	

Conditional	
Present And Habitual bVkJh **eodk**. (Larhaee **karda**.) He fights.	Continuous And Preterite bVkJh **eo fojk j[zdk** . (Larhaee **kar riha hunda**.) He would be fighting.

Presumptive	
Present And Imperfective	Continuous And Future Perfect
bVkJh **eodk j'tKrk**. (Larhaee **karda hovanga**.) I would be fighting.	bVkJh **eo fojk j'tKrk**. (Larhaee **kar riha hovanga**.) I would have been fighting.

(34) To Find

| Infinitive | To find | y'i eoBk (Khoj karna) |

Indicative	
Present	Past
y'i eodk jK. (Khoj karda han.) I find.	y'i eodk ;h. (Khoj karda si.) I found.
Preterite And Perfect	Pluperfect
y'i j'Jh j?. (Khoj hoei hai.) It is found.	y'i ehsh ;h. (Khoj kitti si.) I had found.
Future And Immediate Future	Immediate Past Future
y'i eoKrk. (Khoj karanga.) I will find.	y'i eoB tkbk ;h. (Khoj karn wala si.) I was about to find.

Imperative	
Single And Polite	Future Polite
y'i eo'. (Khoj karo.) Do find.	y'i eo b?Dk. (Khoj kar lainha.) Please found.

Subjunctive	
Present	Habitual And Consumptive
y'i eoK. (Khoj karan.) Do I find.	y'i eodk jK. (Khoj karda han.) I find.
Perfect And Immediate Future y'i fbnk. (Khoj lia.) I have found.	

Conditional	
Present And Habitual	Continuous And Preterite
y'i eodk. (Khoj karda.) He finds.	y'i eo fojk jz[dk. (Khoj kar riha hunda.) He would be finding.

Presumptive	
Present And Imperfective	Continuous And Future Perfect
ਖੋਜ ਕਰਦਾ ਹੋਵਾਂਗਾ. (Khoj **karda hovanga**.) I would be finding.	ਖੋਜ ਕਰ ਰਿਹਾ ਹੋਵਾਂਗਾ. (Khoj **kar riha hovanga**.) I would have been finding.

(35) To Finish

Infinitive	To finish	;wkgs eoBk (Smapat karna)

Indicative	
Present	Past
;wkgs eodk **jK.** (Smapat karda **han**.) I finish.	;wkgs eodk **;h.** (Smapat karda **si**.) I finished.
Preterite And Perfect	Pluperfect
;wkgs **ehsk j'fJnk.** (Smapat **kitta hoeia**.) It is finished.	;wkgs **ehsk ;h.** (Smapat **kitta si**.) I had finished.
Future And Immediate Future	Immediate Past Future
;wkgs **eoKrk.** (Smapat **karanga**.) I will finish.	;wkgs **eoB tkbk ;h.** (Smapat **karn wala si**.) I was about to finish.

Imperative	
Single And Polite	Future Polite
;wkgs **eo'.** (Smapat **karo**.) Do finish.	;wkgs eo **b?Dk.** (Smapat kar **lainha**.) Please finish.

Present	Habitual And Consumptive
;wkgs **eoK.** (Smapat **karan**.) Do I finish.	;wkgs eodk **jK.** (Smapat karda **han**.) I finish.
Perfect And Immediate Future ;wkgs eo **fbnk.** (Smapat kar **lia**.) I have finished.	

Conditional	
Present And Habitual	Continuous And Preterite
;wkgs **eodk.** (Smapat **karda**.) He finishes.	;wkgs **eo fojk jz[dk.** (Smapat **kar riha hunda**.) He would be finishing.

Presumptive	
Present And Imperfective	Continuous And Future Perfect
;wkgs **eodk j'tKrk**. (Smapat **karda hovanga**.) I would be finishing.	;wkgs **eo fojk j'tKrk**. (Smapat **kar riha hovanga**.) I would have been finishing.

(36) To Fly

Infinitive	To fly	T[ZvDk (Udanha)

Indicative	
Present	Past
T[Zvdk **jK.** (Udanda **han**.) I fly.	T[Zvdk **;h.** (Udanda **si**.) I flew.
Preterite And Perfect	Pluperfect
T[ZvfJnk **j'fJnk j?.** (Udania **hoeia hai**.) It is flown.	T[ZvfJnk **;h.** (Udaneia **si**.) I had flown.
Future And Immediate Future	Immediate Past Future
T[ZvkrK. (Udang**an**.) I will fly.	T[ZvD tkbk **;h.** (Udandnh wala **si**.) I was about to fly.

Imperative	
Single And Polite	Future Polite
T[Zv**'.** (Udan**do**.) Do fly.	T[Zv **ikDk.** (Udand **janha**.) Please fly.

Subjunctive	
Present	Habitual And Consumptive
T[Zvk. (U**dan**.) Do I fly.	T[Zvdk **jK.** (Udanda **han**.) I fly.
Perfect And Immediate Future T[Zv **fbnk.** (Udd **lia**.) I have flown.	

Conditional	
Present And Habitual T[Zv**dk.** (Ud**da**.) He flies.	Continuous And Preterite T[Zv **fojk j[zdk.** (Udd **riha hunda**.) He would be flying.

Presumptive	
Present And Imperfective	Continuous And Future Perfect
`T[Zvdk j'tKrk.`	`T[Zv fojk j'tKrk.`
(Udanda **hovanga**.)	(Udd **riha hovanga**.)
I would be flying.	I would have been flying.

(37) To Forget

Infinitive	To forget	G[Zb ikDk (Bhul janha)

Indicative	
Present	Past
G[Zb iKdk **jK**. (Bhul janda **han**.) I forget.	G[Zb iKdk **;h**. (Bhul janda **si**.) I forgot.
Preterite And Perfect	Pluperfect
G[Zfbnk **j'fJnk**. (Bhulia **hoeia**.) It is forgotten.	G[Zfbnk **;h**. (Bhulia **si**.) I had forgotten.
Future And Immediate Future	Immediate Past Future
G[Zb iktk**rK**. (Bhul java**nga**.) I will forget.	G[Zb ikD tkbk **;h**. (Bhul janh wala **si**.) I was about to forget.

Imperative	
Single And Polite	Future Polite
G[Zb **ikt'**. (Bhul **javo**.) Do forget	G[Zb **ikDk**. (Bhul **janea**.) Please forget

Subjunctive	
Present	Habitual And Consumptive
G[Zb **iktK**. (Bhul **javon**.) Do I forget.	G[Zb iKdk **jK**. (Bhul janda **han**.) I forget.
Perfect And Immediate Future G[Zb **frnk**. (Bhul **gia**.) I have forgotten.	

Conditional	
Present And Habitual	Continuous And Preterite
G[Zb **iKdk**. (Bhul **janda**.) He forgets.	G[Zb **fojk j[zdk**. (Bhul **riha hunda**.) He would be forgetting.

Presumptive	
Present And Imperfective	Continuous And Future Perfect
G[Zb **iKdk j'tKrk.** (Bhul **janda hovanga**.) I would be forgetting.	G[Zb **fojk j'tKrk.** (Bhul **riha hovanga**.) I would have been forgetting.

(38) To get up

Infinitive	To get up	yVQ/ j'Dk *(Kharhe honha)*

Indicative	
Present	Past
yVQk j[zdk **jK.** (Kharha hunda **han**.) I get up.	yVQk jz[dk **;h.** (Kharha hunda **si**.) I got up.
Preterite And Perfect	Pluperfect
yVQk **j'fJnk j?.** (Khara **hoeia hai**.) It is gotten up.	yfVQnk **;h.** (Kharhia **si**.) I had gotten up.
Future And Immediate Future	Immediate Past Future
yVQk**rk.** . (Kharha**ga**.) I will get up.	yVQB tkbk **;h.** (Kharhn wala **si**.) I was about to get up.

Imperative	
Single And Polite	Future Polite
y**VQ'.** (Khar**ho**.) Do get up.	yVQk j' **ikDk.** (Kharha ho **janha**.) Please get up.

Subjunctive	
Present	Habitual And Consumptive
y**VQK.** (Khar**han**.) Do I get up.	yVQk j[zdk **jK.** (Kharha hunda **han**.) I get up.
Perfect And Immediate Future yVQk j' **frnk.** (Kharha ho **gia**.) I have gotten up.	

Conditional	
Present And Habitual	Continuous And Preterite
yVQ**dk.** (Kharh**da**.) He gets up.	yVQ **fojk jz[dk.** (Kharha **riha hunda**.) He would be getting up.

Presumptive	
Present And Imperfective	Continuous And Future Perfect
yVQdk **j'tKrk.** (Kharhda **hovanga**.) I would be getting up.	yVQ **fojk j'tKrk.** (Kharh **riha hovanga**.) I would have been getting up.

(39) To Give

Infinitive	To give	d/Dk (denha.)

Indicative	
Present	Past
fdzdk **jK.**	fdzdk **;h.**
(Denda **han**.)	(Denda **si**.)
I give.	I gave.
Preterite And Perfect	Pluperfect
fdZsk **j'fJnk.**	fdZsk **;h.**
(Ditta **hoeia**.)	(Ditta **si**.)
It is given.	I had given.
Future And Immediate Future	Immediate Past Future
d/tK**rk.**	d/D tkbk **;h.**
(Devan**ga**.)	(Denh wala **si**.)
I will give.	I was about to give.

Imperative	
Single And Polite	Future Polite
d/**t'.**	d/ **d/Dk.**
(De**vo**.)	(De **denha**.)
Do give	Please give.

Subjunctive	
Present	Habitual And Consumptive
d/t**K.**	fdzdk **jK.**
(De**van**.)	(Denda **han**.)
Do I give.	I give.
Perfect And Immediate Future	
d/ **fdZsk.**	
(De **ditta**.)	
I have given.	

Conditional	
Present And Habitual	Continuous And Preterite
fdz**dk .**	d/ **fojk jz[dk.**
(Den**da**.)	(De **riha hunda**.)
He gives.	He would be giving.

Presumptive	
Present And Imperfective	Continuous And Future Perfect
`fdzdk j'tKrk.` (Denda **hovanga**.) I would be giving.	`d/ fojk j'tKrk.` (De **riha hovanga**.) I would have been giving.

(40) To Go

Infinitive	To go	iKDk (Janha)

Indicative	
Present	Past
iKdk jK. (Janda **han**.) I go.	iKdk ;h. (Janda **si**.) I went.
Preterite And Perfect	Pluperfect
frnk j'fJnk. (Giaa **hoeia**.) It is gone.	frnk ;h. (Giaa **si**.) I had gone.
Future And Immediate Future	Immediate Past Future
iktKrk. (Java**nga**.) I will go.	ikD tkbk ;h. (Jaan wala **si**.) I was about to go.

Imperative	
Single And Polite	Future Polite
ikt'. (ja**vo**.) Do go.	iKDk. (Janha.) Please go.

Subjunctive	
Present	Habitual And Consumptive
iktK. (ja**van**.) Do I go.	iKdk jK. (Janda **han**.) I go.
Perfect And Immediate Future ubk frnk. (Chala **gia**.) I have gone.	

Conditional	
Present And Habitual	Continuous And Preterite
iKdk. (Janda.) He goes.	ik fojk j[zdk. (Ja **riha hunda**.) He would be going.

Presumptive	
Present And Imperfective	Continuous And Future Perfect
iKdk j'tKrk. (janda **hovanga**.) I would be going.	ik fojk j'tKrk. (Ja **riha hovanga**.) I would have been going.

(41) To Happen

Infinitive	To happen	`tkgoBk` *(Vaparna)*

Indicative	
Present	Past
`tkgodk jK.` (Vaparda **han**.) I happen.	`tkgodk ;h.` (Vaparda **si**.) I happened.
Preterite And Perfect	Pluperfect
`tkgfonk j'fJnk.` (Vaparia **hoeia**.) It is happened.	`tkgfonk ;h.` (Vaparia **si**.) I had happened.
Future And Immediate Future	Immediate Past Future
`tkgo/ rk.` (Vapare **ga**.) I will happen	`tkgoB tkbk ;h.` (Vaparn wala **si**.) I was about to happen

Imperative	
Single And Polite	Future Polite
`tkgoB fdT[.` (Vaparn **deo**.) Do happen.	`tkgoB d/Dk.` (Vaparn **denha**.) Please happen.

Subjunctive	
Present	Habitual And Consumptive
`tkgoB d/tK.` (Vaparn **devan**.) Pleae happen.	`tkgodk jK.` (Vaparda **han**.) I happen.
Perfect And Immediate Future	
`tkgo fbnk.` (Vapar lia.) I have happened.	

Conditional	
Present And Habitual	Continuous And Preterite
tkgo**dk**. (Vapar**da** .) He happens.	tkgo **fojk jz[dk**. (Vapar **riha hunda**.) He would be happening.

Presumptive	
Present And Imperfective	Continuous And Future Perfect
tkgo**dk j'tKrk**. (Vaparda **hovanga**.) I would be happening.	tkgo **fojk j'tKrk**. (Vapar **riha hovanga**.) I would have been happening.

(42) To Have

Infinitive	To have	yKDk (Khanha)

Indicative	
Present	Past
yKdk **jK.** (Khanda **han**.) I have.	yKdk **;h.** (Khanda **si**.) I had.
Preterite And Perfect	Pluperfect
yKXk **j'fJnk.** (Khadha **hoeia**.) It is had.	yKXk **;h.** (Khadha **si**.) I had had.
Future And Immediate Future	Immediate Past Future
yktK**rk.** (Khava**nga**.) I will have	yKD tkbk **;h.** (Khanh wala **si**.) I was about to have.

Imperative	
Single And Polite	Future Polite
ykt**'.** (Kha**vo**.) Do have.	yK **b?Dk.** (Khan **lainha**.) Please have.

Subjunctive	
Present	Habitual And Consumptive
ykt**K.** (Kha**van**.) Do I have.	yKdk **jK.** (Khanda **han**.) I have.
Perfect And Immediate Future yK **fbnk.** (Khan **lia**.) I have had.	

Conditional	
Present And Habitual yK**dk.** (Khan**da**.) He has.	Continuous And Preterite yK **fojk jz[dk.** (Khan **riha hunda**.) He would be having.

Presumptive	
Present And Imperfective	Continuous And Future Perfect
yKdk **j'tKrk.** (Khanda **hovanga**.) I would be having.	yK **fojk j'tKrk.** (Khan **riha hovanga**.) I would have been having.

(43) To Hear

Infinitive	To hear	;[DBk (Sunana)

Indicative	
Present	Past
;[Ddk jK. (Sunhda han.) I hear.	;[Ddk ;h. (Sunhda si.) I heard.
Preterite And Perfect	Pluperfect
;[fDnk j'fJnk. (Sunhia hoeia.) It is heard.	;[fDnk ;h. (Sunhia si.) I had heard.
Future And Immediate Future	Immediate Past Future
;[DKrk. (Sunhanga.) I will hear.	;[DB tkbk ;h. (Sunhan wala si.) I was about to hear.

Imperative	
Single And Polite	Future Polite
;[D'. (Sunho.) Do hear.	;[D b?Dk. (Sunh lainha.) Please hear.

Subjunctive	
Present	Habitual And Consumptive
;[DK. (Sunhan.) Do I hear.	;[Ddk jK. (Sunhda han.) I hear.
Perfect And Immediate Future	
;[D fbnk. (Sunh lia.) I have heard.	

Conditional	
Present And Habitual	Continuous And Preterite
;[Ddk. (Sunh**da**.) He hears.	;[D fojk jz[dk. (Sunh **riha hunda**.) He would be hearing.

Presumptive	
Present And Imperfective	Continuous And Future Perfect
;[Ddk j'tKrk. (Sunhda **hovanga**.) I would be hearing.	;[D fojk j'tKrk. (Sunh **riha hovanga**.) I would have been hearing.

(44) To Help

| Infinitive | To help | ;jkfJsk eoBk   (Sahaeita karna) |

Indicative	
Present	Past
;jkfJsk eodk **jK**. (Sahaeita karda **han**.) I help.	;jkfJsk eodk **;h**. (Sahaeita karda **si**.) I helped.
Preterite And Perfect	Pluperfect
;jkfJsk **ehsh j'Jh**. (Sahaeita **kitti hoei**.) It is helped.	;jkfJsk **ehsh ;h**. (Sahaeita **kitti si**.) I had helped.
Future And Immediate Future	Immediate Past Future
;jkfJsk eoK**rk**. (Sahaeita karanga.) I will help.	;jkfJsk eoB tkbk ;h. (Sahaeita karn wala **si**.) I was about to help.

Imperative	
Single And Polite	Future Polite
;jkfJsk **eo'**. (Sahaeita **karo**.) Do help.	;jkfJsk eo **b?Dk**. (Sahaeita kar **lainha**.) Please help.

Subjunctive	
Present	Habitual And Consumptive
;jkfJsk **eoK**. (Sahaeita **karan**.) Do I help.	;jkfJsk eodk **jK**. (Sahaeita karda **han**.) I help.
Perfect And Immediate Future	
;jkfJsk eo **fdZsh**. (Sahaeita kar **ditti**.) I have helped.	

Conditional	
Present And Habitual	Continuous And Preterite
;jkfJsk **eodk**. (Sahaeita **karda**.) He helps.	;jkfJsk **eo fojk jz[dk**. (Sahaeita **kar riha hunda**.) He would be helping.

Presumptive	
Present And Imperfective	Continuous And Future Perfect
;jkfJsk **eodk j'tKrk.** (Sahaeita **karda hovanga**.) I would be helping.	;jkfJsk **eo fojk j'tKrk.** (Sahaeita **kar riha hovanga**.) I would have been helping.

(45) To Hold

Infinitive	To hold	*geVDk* *(Pakarhnha)*

Indicative	
Present	Past
geVdk **jK.** (Pakrhda **han**.) I hold.	geVdk **;h.** (Pakrhda **si**.) I held.
Preterite And Perfect	Pluperfect
gefVnk **j'fJnk.** (Pakrhia **hoeia**.) It is held.	gefVnk **;h.** (Pakrhia **si**.) I had held.
Future And Immediate Future	Immediate Past Future
geVk**rK.** (Pakrha**gan**.) I will hold.	geVB tkbk **;h.** (Pakrhn wala **si**.) I was about to hold.

Imperative	
Single And Polite	Future Polite
geV**'.** (Pakr**ho**.) Do hold.	geV **b?Dk.** (Pakrh **lainha**.) Please hold.

Subjunctive	
Present	Habitual And Consumptive
geV**K.** (Pakr**han**.) Do I hold.	geVdk **jK.** (Pakrhda **han**.) I hold.
Perfect And Immediate Future geV **fbnk.** (Pakrh **lia**.) I have held.	

Conditional	
Present And Habitual	Continuous And Preterite
geV**dk.** (Pakrh**da** .) He holds.	geV **fojk j[zdk.** (Pakrh **riha hunda**.) He would be holding.

Presumptive	
Present And Imperfective	Continuous And Future Perfect
geVdk j'tKrk. (Pakrhda **hovanga**.) I would be holding.	geV **fojk** j'tKrk. (Pakrh **riha hovanga**.) I would have been holding.

(46) To Increase

Infinitive	To increase	tXkT[Dk (Vadhunha.)

Indicative	
Present	Past
tXkT[Adk **jK**.	tXkT[Adk **;h**.
(Vadhunda **han**.)	(Vadhunda **si**.)
I increase.	I increased.
Preterite And Perfect	Pluperfect
tXkfJnk **j'fJnk**.	tXkfJnk **;h**.
(Vadhaeia **hoeia**.)	(Vadhaeia **si**.)
It is increased.	I had increased.
Future And Immediate Future	Immediate Past Future
tXktk**rk**.	tXkT[D tkbk **;h**.
(Vadhava**ga**.)	(Vadhaunh wala **si**.)
I will increase.	I was about to increase.

Imperative	
Single And Polite	Future Polite
tkXk**U**.	tXk **b?Dk**.
(Vadha**o**.)	(Vadha **lainha**.)
Do increase.	Please increase.

Subjunctive	
Present	Habitual And Consumptive
tkXk**tK**.	tXkT[Adk **jK**.
(Vadha**van**.)	(Vadhaunda **han**.)
Do I increase.	I increase.
Perfect And Immediate Future	
tXk **fbnk**.	
(Vadha **lia**.)	
I have increased.	

Conditional	
Present And Habitual	Continuous And Preterite
tXkT[**Adk**.	tXk **fojk j[zdk**.
(Vadhaun**da**.)	(Vadha **riha hunda**.)
He increases	He would be increasing.

Presumptive	
Present And Imperfective	Continuous And Future Perfect
tXkT[Adk **j'tKrk.** (Vadhaunda **hovanga**.) I would be increasing.	tXk **fojk j'tKrk.** (Vadha **riha hovanga**.) I would have been increasing.

(47) To Introduce

Infinitive	To introduce	gfjukD okT[Dk *(Pahichan karaaunha)*

Indicative	
Present	Past
gfjukD eodk **jK.** (Pahichan karda **han**.) I introduce.	gfjukD eodk **;h.** (Phichan karda **si**.) I introduced.
Preterite And Perfect	Pluperfect
gfjukfDnk **j'fJnk.** (Pahichania **hoeia**.) It is introduced.	gfjukD **eokJh ;h.** (Pahichan **kraei si**.) I had introduced.
Future And Immediate Future	Immediate Past Future
gfjukD eoK**rk.** (Pahichan karan**ga**.) I will introduce.	gfjukD **eoB tkbk ;h.** (Pahichan **karn wala si**.) I was about to introduce.

Imperative	
Single And Polite	Future Polite
gfjukD **eo'.** (Pahichan **karo**.) Do introduce.	gfjukD eo **b?Dk.** (Pahichan kar **lainha**.) Please introduce.

Subjunctive	
Present	Habitual And Consumptive
gfjukD **eoK.** (Pahichan **karan**.) Do I introduce.	gfjukD eodk **jK.** (Pahichan karda **han**.) I introduce.
Perfect And Immediate Future gfjukD **fbnk.** (Pahichan **lia**.) I have introduced.	

Conditional	
Present And Habitual	Continuous And Preterite
gfjukD **eodk.** (Pahichan **karda**.) He introduces.	gfjukD **eo fojk jz[dk.** (Pahichan **kar riha hunda**.) He would be introducing.

Presumptive	
Present And Imperfective	Continuous And Future Perfect
ਪਹਿਚਾਣ **ਕਰਦਾ ਹੋਵਾਂਗਾ.** (Pahichan **karda hovanga**.) I would be introducing	ਪਹਿਚਾਣ **ਕਰ ਰਿਹਾ ਹੋਵਾਂਗਾ.** (Pahichan **kar riha hovanga**.) He would have been introducing

(48) To Invite

Infinitive	To invite	p[bkT[Dk (Bulaaunha)

Indicative	
Present	Past
p[bkT[Adk jK. (Bulaunda han.) I invite	p[bkT[Adk ;h. (Bulaunda si.) I invited
Preterite And Perfect	Pluperfect
p[bkfJnk j'fJnk. (Bulaeia hoeia.) It is invited.	p[bkfJnk ;h. (Bulaeia si.) I had invited.
Future And Immediate Future	Immediate Past Future
p[bktkrK. (Bulavagan.) I will invite.	p[bkT[D tkbk ;h. (Bulaunh wala si.) I was about to invite.

Imperative	
Single And Polite	Future Polite
p[bkt'. (Bulavo.) Do invite.	p[bk b?Dk. (Bula lainha.) Please invite

Subjunctive	
Present	Habitual And Consumptive
p[bktK. (Bulavan.) Do I invite.	p[bkT[Adk jK. (Bulaunda han.) I invite.
Perfect And Immediate Future p[bk fbnk. (Bula lia.) I have invited.	

Conditional	
Present And Habitual	Continuous And Preterite
p[bkT[Adk. (Bulaunda.) He invites.	p[bk fojk jz[dk. (Bula riha hunda.) He would be inviting.

Presumptive	
Present And Imperfective	Continuous And Future Perfect
p[bkdk **j'tKrk**. (Bulaunda **hovanga**.) I would be inviting.	p[bk **fojk j'tKrk**. (Bula **riha hovanga**.) I would have been inviting.

(49) To Kill

Infinitive	To kill	wkoBk (Marna)

Indicative	
Present	Past
wkodk **jK.** (Marda **han.**) I kill.	wkodk **;h.** (Marda **si.**) I killed.
Preterite And Perfect	Pluperfect
wkfonk **j'fJnk.** (Maria **hoeia.**) It is killed.	wkfonk **;h.** (Maria **si.**) I had killed.
Future And Immediate Future	Immediate Past Future
wkok**rk.** (Mara**ga.**) I will kill.	wkoB tkbk **;h.** (Marn wala **si.**) I was about to kill.

Imperative	
Single And Polite	Future Polite
wko**'.** (Mar**o.**) Do kill.	wko **b?Dk.** (Mar **lainha.**) Please kill.

Subjunctive	
Present	Habitual And Consumptive
wko**K.** (Mar**an.**) Do I kill.	wkodk **jK.** (Marda **han.**) I kill.
Perfect And Immediate Future wko **fbnk.** (Mar **lia.**) I have killed.	

Conditional	
Present And Habitual	Continuous And Preterite
wko**dk.** (Mar**da.**) He kills.	wko **fojk jz[dk.** (Mar **riha hunda.**) He would be killing.

Presumptive	
Present And Imperfective	Continuous And Future Perfect
ਮਰਦਾ ਹੋਵਾਂਗਾ. (Marda **hovanga**.) I would be killing.	ਮਰ ਰਿਹਾ ਹੋਵਾਂਗਾ. (Mar **riha hovanga**.) I would have been killing.

(50) To Kiss

Infinitive	To kiss	u[zwh b?Dk. *(Chumi lainha)*

Indicative	
Present	Past
u[zwh b?Adk **jK.** (Chumi lainda **han**.) I kiss.	u[zwh b?Adk **;h.** (Chumi lainda **si**.) I kissed.
Preterite And Perfect	Pluperfect
u[zwh **bJh j'Jh.** (Chumi **laei hoei**.) It is kissed.	uz[wh **bJh ;h.** (Chumi **laei si**.) I had kissed.
Future And Immediate Future	Immediate Past Future
uz[wh bt**Krk.** (Chumi lava**nga**.) I will kiss.	uz[wh b?D tkbk **;h.** (Chumi lainh wala **si**.) I was about to kiss.

Imperative	
Single And Polite	Future Polite
u[zwh **bt'.** (Chumi **lavo**.) Do kiss.	u[zwh b? **b?Dk.** (Chumi la **lainha**.) Please kiss.

Subjunctive	
Present	Habitual And Consumptive
u[z**wK.** (Chu**man**.) Do I kiss.	uz[wh b?Adk **jK.** (Chumi lainda **han**.) I kiss.
Perfect And Immediate Future u[zw **fbnk.** (Chum **lia**.) I have kissed.	

Conditional	
Present And Habitual	Continuous And Preterite
uz[w**dk.** (Chum**da**.) He kisses.	uz[w **fojk jz[dk.** (Chum **riha hunda**.) He would be kissing.

Presumptive	
Present And Imperfective	Continuous And Future Perfect
uz[wdk j'tKrk. (Chumda **hovanga**.) I would be kissing.	u[zw **fojk** j'tKrk. (Chum **riha hovanga**.) I would have been kissing.

(51) To Know

Infinitive	To know	*ikDBk* (Janhana)

Indicative	
Present	Past
ikDdk **jK.** (janhda **han.**) I know	ikDdk **;h.** (Janhda **si.**) I knew.
Preterite And Perfect	Pluperfect
ikDfJnk **j'fJnk.** (Janheia **hoeia.**) It is known.	ikDfJnk **;h.** (Janheia **si.**) I had known.
Future And Immediate Future	Immediate Past Future
ikDk**rk.** (Janha**ga.**) I will know.	ikDB tkbk **;h.** (Janhan wala **si.**) I was about to know.

Imperative	
Single And Polite	Future Polite
ikD**'.** (Jan**ho.**) Do know.	ikD **b?Dk.** (Janh **lainha.**) Please know.

Subjunctive	
Present	Habitual And Consumptive
ikD**k.** (Jan**ha.**) Do I know.	ikDdk **jK.** (Janhda **han.**) I know.
Perfect And Immediate Future ikD **fbnk.** (Janh **lia.**) I have known.	

Conditional	
Present And Habitual ikDd**k.** (Janh**da.**) He knows.	Continuous And Preterite ikD **fojk jz[dk.** (Janh **riha hunda.**) He would be knowing.

Presumptive	
Present And Imperfective	Continuous And Future Perfect
`ikDdk` **`j'tKrk.`**	`ikD` **`fojk j'tKrk.`**
(Janhda **hovanga**.)	(Janh **riha hovanga**.)
I would be knowing.	I would have been knowing.

(52) To Laugh

Infinitive	To laugh	jZ;Dk (Hansanha)

Indicative	
Present	Past
jZ;dk **jK.** (Hansada **han**.) I laugh.	jZ;dk **;h.** (Hansada **si**.) I laughed.
Preterite And Perfect	Pluperfect
jZ;dk **j'fJnk.** (Hansada **hoeia**.) It is laughed.	jZ;fJnk **;h.** (Hansaeia **si**.) I had laughed.
Future And Immediate Future	Immediate Past Future
jZ;K**rk.** (Hansan**ga**.) I will laugh.	jZ;D tkbk **;h.** (Hansanh wala **si**.) I was about to laugh.

Imperative	
Single And Polite	Future Polite
jZ;**'.** (Han**so**.) Do laugh.	jZ; **b?Dk.** (Hans **lainha**.) Please laugh.

Subjunctive	
Present	Habitual And Consumptive
jZ;**K.** (Han**san**.) Do I laugh.	jZ;dk **jK.** (Hansada **han**.) I laugh.
Perfect And Immediate Future jZ; **fbnk.** (Hans **lia**.) I have laughed.	

Conditional	
Present And Habitual	Continuous And Preterite
jZ;**dk.** (Hansa**da**.) He laughs.	jZ; **fojk jz[dk.** (Hans **riha hunda**.) He would be laughing.

Presumptive	
Present And Imperfective	Continuous And Future Perfect
ਹੰਸਦਾ **ਹੋਵਾਂਗਾ.**	ਹੰਸ **ਰਿਹਾ ਹੋਵਾਂਗਾ.**
(Hansada **hovanga**.)	(Hans **riha hovanga**.)
I would be laughing.	I would have been laughing.

(53) To learn

Infinitive	To learn	f;ZyDk (Sikhnha)

Indicative	
Present	Past
f;Zydk jK. (Sikhda **han**.) I learn.	f;Zydk ;h. (Sikhda **si**.) I learned.
Preterite And Perfect	Pluperfect
f;Zfynk j'fJnk. (Sikhia **hoeia**.) It is learned.	f;Zfynk ;h. (Sikhia **si**.) I had learned.
Future And Immediate Future	Immediate Past Future
f;Zykrk. (Sikha**ga**.) I will learn.	f;ZyD tkbk ;h. (Sikhnh wala **si**.) I was about to learn.

Imperative	
Single And Polite	Future Polite
f;Zy'. (Sikh**o**.) Do learn.	f;Zy b?Dk. (Sikh **lainha**.) Please learn.

Subjunctive	
Present	Habitual And Consumptive
f;ZyK. (Sikh**an**.) Do I learn.	f;Zydk jK. (Sikhda **han**.) I learn.
Perfect And Immediate Future f;Zy fbnk. (Sikh **lia**.) I have learned.	

Conditional	
Present And Habitual f;Zydk. (Sikh**da**.) He learns.	Continuous And Preterite f;Zy fojk j[zdk. (Sikh **riha hunda**.) He would be learning.

Presumptive	
Present And Imperfective	Continuous And Future Perfect
ਸਿੱਖਦਾ **ਹੋਵਾਂਗਾ**. (Sikhda **hovanga**.) I would be learning.	ਸਿੱਖ **ਰਿਹਾ ਹੋਵਾਂਗਾ**. (Sikh **riha hovanga**.) I would have been learning.

(54) To Lie Down

Infinitive	To lie down	b/NDk (Letnha)

Indicative	
Present	Past
b/Ndk **jK.** (Let**da han**.) I lie down.	b/Ndk **;h.** (Let**da si**.) I lay down.
Preterite And Perfect	Pluperfect
b/fNnk **j'fJnk.** (Let**ia hoeia**.) It is lain down.	b/fNnk **;h.** (Let**ia si**.) I had lain down.
Future And Immediate Future	Immediate Past Future
b/Nk**rk.** (Let**aga**.) I will lie down.	b/ND **tkbk ;h.** (Let**nh wala si**.) I was about lie down.

Imperative	
Single And Polite	Future Polite
b/**N'.** (Let**o**.) Do lie down.	b/N **b?Dk.** (Let **lainha**.) Please lie down.

Subjunctive	
Present	Habitual And Consumptive
b/**NK.** (Let**an**.) Do I lie down.	b/Ndk **jK.** (Let**da han**.) I lie down.
Perfect And Immediate Future	
b/N **fbnk.** (Let **lia**.) I have lie down.	

Conditional	
Present And Habitual	Continuous And Preterite
b/N**dk.** (Let**da** .) He lies down.	b/N **fojk jz[dk.** (Let **riha hunda**.) He would be lying down.

Presumptive	
Present And Imperfective	Continuous And Future Perfect
b/Ndk **j'tKrk.**	b/N **fojk j'tKrk.**
(Letda **hovanga**.)	(Let **riha hovanga**.)
I would be lying down.	I would have been lying down.

(55) To like

| Infinitive | To like | ਪਸੰਦ ਕਰਨਾ (Pasand karna) |

Indicative	
Present	Past
ਪਸੰਦ ਕਰਦਾ ਹਾਂ.	ਪਸੰਦ ਕਰਦਾ ਸੀ.
(Pasand karda **han**.)	(Pasand karda **si**.)
I like.	I liked.
Preterite And Perfect	Pluperfect
ਪਸੰਦ **ਕੀਤਾ ਹੋਇਆ**.	ਪਸੰਦ **ਕੀਤਾ** ਸੀ.
(Pasand **kitta hoeia**.)	(Pasand **kitta si**.)
It is liked.	I had liked.
Future And Immediate Future	Immediate Past Future
ਪਸੰਦ ਕਰਾਂ**ਗਾ**.	ਪਸੰਦ ਕਰ **ਲੈਂਗਾ**.
(Pasand kara**nga**.)	(Pasand kar **lainha**.)
I will like.	I was about to like.

Imperative	
Single And Polite	Future Polite
ਪਸੰਦ **ਕਰੋ**.	ਪਸੰਦ ਕਰਦਾ ਹਾਂ.
(Pasand **karo**.)	(Pasand karda **han**.)
Do like.	Please like.

Subjunctive	
Present	Habitual And Consumptive
ਪਸੰਦ **ਕਰਨ**.	ਪਸੰਦ ਕਰਦਾ ਹਾਂ.
(Pasand **karan**.)	(Pasand karda **han**.)
Do I like.	I like.
Perfect And Immediate Future	
ਪਸੰਦ ਕਰ **ਲਿਆ**.	
. (Pasand kar **lia**.)	
I have liked.	

Conditional	
Present And Habitual	Continuous And Preterite
ਪਸੰਦ **ਕਰਦਾ**.	ਪਸੰਦ **ਕਰ ਰਿਹਾ ਹੁੰਦਾ**.
(Pasand **karda**.)	(Pasand **kar riha hunda**.)
He likes.	He would be liking.

Presumptive	
Present And Imperfective	Continuous And Future Perfect
ਪਸੰਦ **ਕਰਦਾ ਹੋਵਾਂਗਾ.** (Pasand **karda hovanga**.) I would be liking.	ਪਸੰਦ **ਕਰ ਰਿਹਾ ਹੋਵਾਂਗਾ.** (Pasand **kar riha hovanga**.) I would have been liking.

(56) To Listen

Infinitive	To listen	;[DBk (Sunhana)

Indicative	
Present	Past
;[Ddk jK. (Sunhda han.) I listen.	;[Ddk ;h. (Sunhda si.) I listened.
Preterite And Perfect	Pluperfect
;f[Dnk j'fJnk. (Sunhia hoeia.) It is listened.	;[fDnk ;h. (Sunhia si.) I had listened.
Future And Immediate Future	Immediate Past Future
;[DKrk. (Sunhanga.) I will listen.	;[DB tkbk ;h. (Sunhan wala si.) I was about to listen.

Imperative	
Single And Polite	Future Polite
;[D'. (Sunho.) Do listen	;[D b?Dk. (Sunh lainha.) Please listen.

Subjunctive	
Present	Habitual And Consumptive
;[DK. (Sunhan.) Do I listen	;[Ddk jK. (Sunhda han.) I listen
Perfect And Immediate Future ;[D fbnk. (Sunh lia.) I have listened	

Conditional	
Present And Habitual	Continuous And Preterite
;[Ddk. (Sunhda.) He listens.	;[D fojk jz[dk. (Sunh riha hunda.) He would be listening.

Presumptive	
Present And Imperfective	Continuous And Future Perfect
;[Ddk **j'tKrk**. (Sunhda **hovanga**.) I would be listening.	;[D **fojk j'tKrk**.(Sunh **riha hovanga**.) I would have been listening.

(57) To Live

Infinitive	To live	ihT[Dk (Jeeunha.)

Indicative	
Present	Past
ihTA[dk **jK**. (Jeeunda **han**.) I live.	ihTA[dk **;h**. (Jeeunda **si**.) I lived.
Preterite And Perfect	Pluperfect
ihT[Adk **j'fJnk**. (Jeeunda **hoeia**.) It is lived.	ihT[fJnk **;h**. (Jeeueia **si**.) I had lived.
Future And Immediate Future	Immediate Past Future
ihT[tK**rk**. (Jeeuvanga.) I will live.	ihD tkbk **;h**. (Jeen wala **si**.) I was about to live.

Imperative	
Single And Polite	Future Polite
iht'. (Jee**vo**.) Do live.	ih **b?Dk**. (Jee **lainha**.) Please live.

Subjunctive	
Present	Habitual And Consumptive
ihT[**tK**. (Jeeu**van**.) Do I live.	ihT[Adk **jK**. (Jeeunda **han**.) I live.
Perfect And Immediate Future ihT[**fbnk**. (Jeeu **lia**.) I have lived.	

Conditional	
Present And Habitual	Continuous And Preterite
ihTA[**dk**. (Jeeun**da**.) He lives.	ihT[**fojk jz[dk**. . (Jeeu **riha hunda**.) He would be living.

Presumptive	
Present And Imperfective	Continuous And Future Perfect
fiT[Adk **j'tKrk.** (Jeeunda **hovanga**.) I would be living.	ih **fojk j'tKrk.** (Jee **riha hovanga**.) I would have been living.

(58) To lose

Infinitive	To lose	r[nkT[Dk *(Guaaunha)*

Indicative	
Present	Past
r[nkT[Adk **j?.**	r[nkT[Adk **;h.**
(Guaaunda **hai**.)	(Guaaunda **si**.)
I lose.	I lost.
Preterite And Perfect	Pluperfect
rtkfJnk **j'fJnk.**	rtkfJnk **;h.**
(Gavaeia **hoeia**.)	(Gavaeia **si**.)
It is lost.	I had lost.
Future And Immediate Future	Immediate Past Future
rtkT[A**rk.**	rtkT[D tkbk **;h.**
(Gavaua**nga**.)	(Gavaunh wala **si**.)
I will lose.	I was about to lose.

Imperative	
Single And Polite	Future Polite
rtk**U.**	rtk **d/Dk.**
(Gava**o**.)	(Gava **denha**.)
Do lose.	Please lose.

Subjunctive	
Present	Habitual And Consumptive
rtk**tk.**	r[tkT[Adk **j?.**
(Gava**va**.)	(Gavaunda **hai**.)
Do I lose.	I lose.
Perfect And Immediate Future	
rtk **fbnk.**	
(Gava **lia**.)	
I have lost.	

Conditional	
Present And Habitual	Continuous And Preterite
rtkT[A**dk.**	rtk **fojk jz[dk.**
(Gavaun**da**.)	(Gava **riha hunda**.)
He loses.	He would be losing.

Presumptive	
Present And Imperfective	Continuous And Future Perfect
rtkT[Adk **j'tKrk.**	rtk **fojk j'tKrk.**
(Gavaunda **hovanga**.)	(Gava **riha hovanga**.)
I would be losing.	I would have been losing.

(59) To Love

Infinitive	To love	`fgnko eoBk` (Pyar karna)

Indicative	
Present	Past
`fgnko eodk jK.`	`fgnko eodk ;h.`
(Pyar karda **han**.)	(Pyar karda **si**.)
I love.	I loved.
Preterite And Perfect	Pluperfect
`fgnko ehsk j'fJnk.`	`fgnko ehsk ;h.`
(Pyar kitta **hoeia**.)	(Pyar kitta **si**.)
It is loved.	I had loved.
Future And Immediate Future	Immediate Past Future
`fgnko eoKrk.`	`fgnko eoB tkbk ;h.`
(Pyar **karanga**.)	(Pyar karan wala **si**.)
I will love.	I was about to love.

Imperative	
Single And Polite	Future Polite
`fgnko eo'.`	`fgnko eo b?Dk.`
(Pyar **karo**.)	(Pyar kar **lainha**.)
Do love.	Please love.

Subjunctive	
Present	Habitual And Consumptive
`fgnko eoK.`	`fgnko eodk jK.`
(Pyar **karan**.)	(Pyar karda **han**.)
Do I love.	I love.
Perfect And Immediate Future	
`fgnko eo fbnk.`	
(Pyar kar **lia**.)	
I have loved.	

Conditional	
Present And Habitual	Continuous And Preterite
`fgnko eodk.`	`fgnko eo fojk jz[dk.`
(Pyar **karda**.)	(Pyar **kar riha hunda**.)
He loves.	He would be loving.

Presumptive	
Present And Imperfective	Continuous And Future Perfect
ਪਿਆਰ **ਕਰਦਾ ਹੋਵਾਂਗਾ**. (Pyar **karda hovanga**.) I would be loving.	ਪਿਆਰ **ਕਰ ਰਿਹਾ ਹੋਵਾਂਗਾ**. (Pyar **kar riha hovanga**.) I would have been loving.

(60) To meet

Infinitive	To meet	fwbDk (Milanha)

Indicative	
Present	Past
fwbdk jK . (Milda **han**.) I meet.	fwbdk ;h. (Milda **si**.) I met.
Preterite And Perfect	Pluperfect
fwfbnk j'fJnk j?. (Milia **hoeia hai**.) It is met.	fwfbnk ;h. (Milia **si**.) I had met.
Future And Immediate Future	Immediate Past Future
fwbk**rk**. (Mila**ga**.) I will meet.	fwbD tkbk ;h. (Milnh wala **si**.) I was about to meet.

Imperative	
Single And Polite	Future Polite
fwfbnk **eo'**. (Milia **karo**.) Do meet.	fwb **b?Dk**. (Mil **lainha**.) Please meet.

Subjunctive	
Present	Habitual And Consumptive
fwb**k**. (Mila.) Do I meet.	fwbdk jK. (Milda **han**.) I meet.
Perfect And Immediate Future	
fwb **fbnk**. (Mil **lia**.) I have met.	

Conditional	
Present And Habitual	Continuous And Preterite
fwb**dk**. (Mil**da**.) He meets.	fwb **fojk jz[dk**. (Mil **riha hunda**.) He would be meeting.

Presumptive	
Present And Imperfective	Continuous And Future Perfect
fwbdk j'tKrk. (Milda **hovanga**.) I would be meeting.	fwb fojk j'tKrk. (Mil **riha hovanga**.) I would have been meeting.

(61) To need

Infinitive	To need	b'V j'Dh (Lorh honhi)

Indicative	
Present	Past
b'V j?. (Lorh **hai**.) I need.	b'V ;h. (Lorh **si**.) I needed.
Preterite And Perfect	Pluperfect
b'V j'Jh j?. (Lorh **hoei hai**.) It is needed.	b'V gJh ;h. (Lorh **paei si**.) I had needed.
Future And Immediate Future	Immediate Past Future
b'V j't/**rh**. (Lorh hove**gi**.) I will need.	b'V j'D tkbh ;h. (Lorh honh wali **si**.) I was about to need.

Imperative	
Single And Polite	Future Polite
b'V j't//. (Lorh **hove**.) Do need.	b'V j' i**kDh**. (Lorh ho **janhi**.) Please need.

Subjunctive	
Present	Habitual And Consumptive
b'V j?. (Lorh **hai**.) Do I need.	b'V jz[dh j?. (Lorh hundi **hai**.) I need.
Perfect And Immediate Future	
b'V gJh j?. (Lorh pei **hai**.) I have needed.	

Conditional	
Present And Habitual	Continuous And Preterite
b'V j'Jh. (Lorh **hoei**.) He needs.	b'V gJh jz[dh. (Lorh **pei hundi**.) He would be needing.

Presumptive	
Present And Imperfective	Continuous And Future Perfect
ਲੋੜ ਪਈ ਹੋਵੇਗੀ. (Lorh **pei hovegi**.) I would be needing.	ਲੋੜ ਪਾ ਰਹੀ ਹੋਵੇਗੀ. (Lorh **pa rahi hovegi**.) I would have been needing.

(62) To Notice

Infinitive	To notice	fXnkB eoBk (Dhiaan karna)

Indicative	
Present	Past
fXnkB eodk **jK**.	fXnkB eodk **;h**.
(Dhiaan karda **han**.)	(Dhiaan karda **si**.)
I notice.	I noticed.
Preterite And Perfect	Pluperfect
fXnkB **fdZsk j'fJnk j?**.	fXnkB **fdZsk ;h**.
(Dhiaan **ditta hoeia hai**.)	(Dhiaan **ditta si**.)
It is noticed.	I had noticed.
Future And Immediate Future	Immediate Past Future
fXnkB d/tk**rk**.	fXnkB d/D tkbk **;h**.
(Dhiaan deva**ga**.)	(Dhiaan deanh wala **si**.)
I will notice.	I was about to notice.

Imperative	
Single And Polite	Future Polite
fXnkB **d/t'**.	fXnkB d/ **d/Dk**.
(Dhiaan **devo**.)	(Dhiaan de **denha**.)
Do notice.	Please notice.

Subjunctive	
Present	Habitual And Consumptive
fXnkB **d/tK**.	fXnkB fdzdk **jK**.
(Dhiaan **devan**.)	(Dhiaan dianda **han**.)
Do I notice.	I notice.
Perfect And Immediate Future	
fXnkB d/ **fdZsk**.	
(Dhiaan de **ditta**.)	
I have noticed.	

Conditional	
Present And Habitual	Continuous And Preterite
fXnkB **fdzdk**.	fXnkB d/ **fojk j[zdk**.
(Dhiaan **dianda**.)	(Dhiaan **de riha hunda**.)
Do I noticed.	I notice.

Presumptive	
Present And Imperfective	Continuous And Future Perfect
fXnkB **fdzdk j'tKrk.** (Dhiaan **dianda hovanga**.) I would be noticing.	fXnkB **d/ fojk j'tKrk.** (Dhiaan **de riha hovanga**.) I would have been noticing.

(63) To open

Infinitive	To open	y''bQDk (Kholhanha)

Indicative	
Present	Past
y'bQdk jK. (Kholda han.) I open.	y'bQdk ;h. Kholda si.) I opened.
Preterite And Perfect	Pluperfect
y'fbQnk j'fJnk. (Kholia hoeia.) It is opened.	y'fbQnk ;h. (Kholia si.) I had opened.
Future And Immediate Future	Immediate Past Future
y'bQkrk. (Kholaga.) I will open.	y'bQD tkbk ;h. (Kholanh wala si.) I was about to open.

Imperative	
Single And Polite	Future Polite
y'bQ'. (Kholo.) Do open.	y'bQ b?Dk. (Khol lainha.) Please open.

Subjunctive	
Present	Habitual And Consumptive
y'bQK. (Kholan.) Do I open.	y'bQdk jK. (Kholda han.) I open.
Perfect And Immediate Future	
y'bQ fbnk. (Khol lia.) I have opened.	

Conditional	
Present And Habitual	Continuous And Preterite
y'bQdk. (Kholda.) He opens.	y'bQ fojk j[zdk. (Khol riha hunda.) He would be opening.

Presumptive	
Present And Imperfective	Continuous And Future Perfect
ਖੋਲ੍ਹ ਰਿਹਾ ਹੋਵਾਂਗਾ. (Khol **riha hovanga**.) I would be opening.	ਖੋਲ੍ਹ ਰਿਹਾ ਹੋਵਾਂਗਾ. (Khol **riha hovanga**.) I would have been opening.

(64) To Play

Infinitive	To play	y/vDk (Khedanha)

Indicative	
Present	Past
y/vdk **jK.** (Khedda **han**.) I play.	y/vdk **;h.** (Khedda **si**.) I played.
Preterite And Perfect	Pluperfect
y/fvnk **j'fJnk.** (Kheddia **hoeia**.) It is played.	y/fvnk **;h.** (Khedeia **si**.) I had played.
Future And Immediate Future	Immediate Past Future
y/vk**rk.** (Kheda**ga**.) I will play.	y/vD tkbk **;h.** (Khedanh wala **si**.) I was about to play.

Imperative	
Single And Polite	Future Polite
y/**v'.** (Khe**do**.) Do play.	y/v b?Dk. (Khed **lainha**.) Please play.

Subjunctive	
Present	Habitual And Consumptive
y/**vK.** . (Khe**dan**.) Do I play.	y/vdk **jK.** (Khedda **han**.) I play.
Perfect And Immediate Future y/v **fbnk.** (Khed **lia**.) I have played.	

Conditional	
Present And Habitual	Continuous And Preterite
y/vdk. (Khed**da**.) He plays.	y/v **fojk jz[dk.** (Khed **riha hunda**.) He would be playing.

Presumptive	
Present And Imperfective	Continuous And Future Perfect
y/vdk j'tKrk. (Khedda **hovanga**.) I would be playing.	y/vdk fojk j'tKrk. (Khed **riha hovanga**.) I would have been playing.

(65) To Put

Infinitive	To put	oZyDk (Rakhanha)

Indicative	
Present	Past
oZydk jK. (Rakhda han.) I put.	oZydk ;h. (Rakhda si.) I put.
Preterite And Perfect	Pluperfect
oZfynk j'fJnk. (Rakhia hoeia.) It is put.	oZfynk ;h. (Rakhia si.) I had put.
Future And Immediate Future	Immediate Past Future
oZykrk. (Rakhaga.) I will put.	oZyD tkbk ;h. (Rakhnh wala si.) I was about to put.

Imperative	
Single And Polite	Future Polite
oZfynk eo'. (Rakhia karo.) Do put.	oZy b?Dk. (Rakh lainha.) Please put.

Subjunctive	
Present	Habitual And Consumptive
oZfynk eoK. (Rakhia karan.) Do I put.	oZydk jK. (Rakhda han.) I put.
Perfect And Immediate Future oZy fbnk. (Rakh lia.) I have put.	

Conditional	
Present And Habitual	Continuous And Preterite
oZydk. (Rakhda.) He puts.	oZy fojk j[zdk. (Rakh riha hunda.) He would be putting.

Presumptive	
Present And Imperfective	Continuous And Future Perfect
`oZydk j'tKrk.` (Rakhda **hovanga**.) He would be putting.	`oZy fojk j'tKrk.` (Rakh **riha hovanga**.) He would be putting.

(66) To read

Infinitive	To read	gVQDk (Parhanha.)

Indicative	
Present	Past
gVQdk **jK.** (Parhda **han**.) I read.	gVQdk **;h.** (Parhda **si**.) I read.
Preterite And Perfect	Pluperfect
gVQdk **j'fJnk.** (Parhda **hoeia**.) It is read.	gfVQnk **;h.** (Parhia **si**.) I had read.
Future And Immediate Future	Immediate Past Future
gVQk**rk.** (Parha**ga**.) I will read.	gVQB tkbk **;h.** (Parhn wala **si**.) I was about to read.

Imperative	
Single And Polite	Future Polite
gVQ'. (Par**ho**.) Do read.	gVQ **b?Dk.** (Parh **lainha**.) Please read.

Subjunctive	
Present	Habitual And Consumptive
gVQk. (Pa**rha**.) Do I read.	gVQdk **jK.** (Parhda **han**.) I read.
Perfect And Immediate Future	
gVQ **fbnk.** (Parh **lia**.) I have read.	

Conditional	
Present And Habitual	Continuous And Preterite
gVQdk. (Parh**da**.) He reads.	gVQ **fojk j[zdk.** (Parh **riha hunda**.) He would e reading.

Presumptive	
Present And Imperfective	Continuous And Future Perfect
ਪੜ੍ਹਦਾ **ਹੋਵਾਂਗਾ.** (Parhda **hovanga**.) I would be reading.	ਪੜ੍ਹ **ਰਿਹਾ ਹੋਵਾਂਗਾ.** (Parh **riha hovanga**.) I would have been reading.

(67) To Receive

Infinitive	To receive	gqkgs eoBk *(Prapat karna.)*

Indicative	
Present	Past
gqkgs eodk **jK**. (Prapat karda **han**.) I receive.	gqkgs eodk **;h**. (Prapat karda **si**.) I received.
Preterite And Perfect	Pluperfect
gqkgs **ehsk j'fJnk**. (Prapat **kitta hoeia**.) It is received.	gqkgs **efonk ;h**. (Prapat **karia si**.) I had received.
Future And Immediate Future	Immediate Past Future
gqkgs eoK**rk**. (Prapat karan**ga**.) I will receive.	gqkgs eoB tkbk **;h**. (Prapat karn wala **si**.) I was about to receive.

Imperative	
Single And Polite	Future Polite
gqkgs **eo'**. (Prapat **karo**.) Do receive.	gqkgs eo **b?Dk**. (Prapat kar **lainha**.) Please receive.

Subjunctive	
Present	Habitual And Consumptive
gqkgs **eoK**. (Prapat **karan**.) Do I receive.	gqkgs eodk **jK**. (Prapat karda **han**.) I receive.
Perfect And Immediate Future	
gqkgs eo **fbnk**. (Prapat kar **lia**.) I have received.	

Conditional	
Present And Habitual	Continuous And Preterite
gqkgs **eodk**. (Prapat **karda**.) He receives.	gqkgs **eo fojk jz[dk**. (Prapat **kar riha hunda**.) He would be receiving.

Presumptive	
Present And Imperfective	Continuous And Future Perfect
ਪ੍ਰਾਪਤ **ਕਰਦਾ ਹੋਵਾਂਗਾ**. (Prapat **karda hovanga**.) I would be receiving.	ਪ੍ਰਾਪਤ **ਕਰ ਰਿਹਾ ਹੋਵਾਂਗਾ**. (Prapat **kar riha hovanga**.) I would have been receiving.

(68) To Rememeber

Infinitive	To remember	`:kd eoBk` *(Yaad karna)*

Indicative	
Present	Past
`:kd eodk jK.`	`:kd eodk ;h.`
(Yaad karda **han**.)	(Yaad karda **si**.)
I remember.	I remembered.
Preterite And Perfect	Pluperfect
`:kd ehsk j'fJnk.`	`:kd ehsk ;h.`
(Yaad **kitta hoeia**.)	(Yaad **kitta si**.)
It is remembered.	I had remembered.
Future And Immediate Future	Immediate Past Future
`:kd eoKrk.`	`:kd eoB tkbk ;h.`
(Yaad kara**nga**.)	(Yaad karn wala **si**.)
I will remember.	I was about to remember.

Imperative	
Single And Polite	Future Polite
`:kd eo'.`	`:kd eo b?Dk.`
(Yaad **karo**.)	(Yaad kar **lainha**.)
Do remember.	Please remember.

Subjunctive	
Present	Habitual And Consumptive
`:kd eoK.`	`:kd eodk jK.`
(Yaad **karan**.)	(Yaad karda **han**.)
Do I remember.	I remember.
Perfect And Immediate Future	
`:kd eo fbnk.`	
(Yaad kar **lia**.)	
I have remembered.	

Conditional	
Present And Habitual	Continuous And Preterite
`:kd eodk.`	`:kd eo fojk jz[dk.`
(Yaad **karda**.)	(Yaad **kar riha hunda**.)
He remembers.	He would be remembering.

Presumptive	
Present And Imperfective	Continuous And Future Perfect
:kd **eodk j'tKrk**.	:kd **eo fojk j'tKrk**.
(Yaad **karda hovanga**.)	(Yaad **kar riha hovanga**.)
I would be remembering .	I would have been remembering.

(69) To Repeat

Infinitive	To repeat	d[jokJh eoBk (Duharaee arna)

Indicative	
Present	Past
d[jokJh eodk **jK**. (Duharaei karda **han**.) I repeat.	d[[jokJh eodk **;h**. (Duharaei karda **si**.) I repeated.
Preterite And Perfect	Pluperfect
d[jokJh **ehsk j'fJnk**. (Duharaei **kitta hoeia**.) It is repeated.	d[jokJh **ehsh ;h**. (Duharai **kitti si**.) I had repeated.
Future And Immediate Future	Immediate Past Future
d[jokJh eoK**rk**. (Duharaei **karanga**.) I will repeat.	d[jokJh eoB tkbk **;h**. (Duharaei karn wala **si**.) I was about to repeat.

Imperative	
Single And Polite	Future Polite
d[jokJh **eo'**. (Duharaei **karo**.) Do repeat.	d[jokJh eo **b?Dk**. (Duharaei kar **lainha**.) Please repeat.

Subjunctive	
Present	Habitual And Consumptive
d[jokJh **eok**. (Duharaei **kara**.) Do I repeat.	d[jokJh eodk **jK**. (Duharaei karda **han**.) I repeat.
Perfect And Immediate Future d[jokJh eo **fbnk**. (Duharaei kar **lia**.) I have repeated.	

Conditional	
Present And Habitual	Continuous And Preterite
d[jokJh **eodk**. (Duharaei **karda** .) He repeats.	d[jokJh **eo fojk j[zdk**. (Duharaei **kar riha hunda**.) He would be repeating.

Presumptive	
Present And Imperfective	Continuous And Future Perfect
d[jokJh **eodk j'tKrk.** (Duharaei **karda hovanga**.) I would be repeating.	d[jokjh **eo fojk j'tKrk.** (Duharaei **kar riha hovanga**.) I would have been repeating.

(70) To Return

| Infinitive | To return | tkfg; eoBk (Vapis karna) |

Indicative	
Present	Past
tkfg; eodk **jK**. (Vapis karda **han**.) I return.	tkfg; eodk **;h**. (Vapis karda **si**.) I returned.
Preterite And Perfect	Pluperfect
tkfg; **ehsk j'fJnk**. (Vapis **kitta hoeia**.) It is returned.	tkfg; **ehsk ;h**. (Vapis **kitta si**.) I had returned.
Future And Immediate Future	Immediate Past Future
tkfg; eoK**rk**. (Vapis karan**ga**.) I will return.	tkfg; eoB tkbk ;h. (Vapis karn wala si.) I was about to return.

Imperative	
Single And Polite	Future Polite
tkfg; **eo'**. (Vapis **karo**.) Do return.	tkfg; eo **b?Dk**. (Vapis kar **lainha**.) Please return.

Subjunctive	
Present	Habitual And Consumptive
tkfg; **eoK**. (Vapis **karan**.) Do I return.	tkfg; eodk **jK**. (Vapis karda **han**.) I return.
Perfect And Immediate Future tkfg; eo **fbnk**. (Vapis kar **lia**.) I have returned.	

Conditional	
Present And Habitual	Continuous And Preterite
tkfg; **eodk**. (Vapis **karda**.) He returns.	tkfg; **eo fojk j[zdk**. (Vapis **kar riha hunda**.) He would be returning.

Presumptive	
Present And Imperfective	Continuous And Future Perfect
tkfg; eodk j'tKrk.	tkfg; eo fojk j'tKrk.
(Vapis **karda hovanga**.)	(Vapis **kar riha hovanga**.)
I would be returning.	I would have been repeating.

(71) To Run

Infinitive	To run	d"VBk (Daurhna)

Indicative	
Present	Past
d"Vdk **jK.** (Daurhda **han**.) I run.	d"Vdk **;h.** (Daurhda **si**.) I ran.
Preterite And Perfect	Pluperfect
d"fVnk **j'fJnk.** (Daurhia **hoeia**.) It is run.	d"fVnk **;h.** (Daurhia **si**.) I had run.
Future And Immediate Future	Immediate Past Future
d"Vk**rk.** (Daurha**ga**.) I will run.	d"VB tkbk **;h.** (Daurhn wala **si**.) I was about to run.

Imperative	
Single And Polite	Future Polite
d"**V".** (Daur**ho**.) Do run.	d"V **b?Dk.** (Daurh **lainha**.) Please run.

Subjunctive	
Present	Habitual And Consumptive
d"**VK.** (Daur**han**.) Do I run.	d"Vdk **jK.** (Daurhda **han**.) I run.
Perfect And Immediate Future d"V **fbnk.** (Daurh **lia**.) I have run.	

Conditional	
Present And Habitual	Continuous And Preterite
d"V**dk.** (Daurh**da**.) He runs.	d'V **fojk j[zdk.** (Daurh **riha hunda**.) He would be running.

Presumptive	
Present And Imperfective	Continuous And Future Perfect
ਦੌੜਦਾ **ਹੋਵਾਂਗਾ**. (Daurhda **hovanga**.) I would be running.	ਦੌੜ **ਰਿਹਾ ਹੋਵਾਂਗਾ**. (Daurh **riha hovanga**.) I would have been running.

(72) To say

Infinitive	To say	efjDk (Kahinha)

Indicative	
Present	Past
efjzdk **jK.** (Kahinda **han**.) I say.	efjzdk **;h.** (Kahinda **si**.) I said.
Preterite And Perfect	Pluperfect
fejk **j'fJnk.** (Kihai **hoeia**.) It is said.	fejk **;h.** (Kihai **si**.) I had said.
Future And Immediate Future	Immediate Past Future
ejk**rk.** (Kha**ga**.) I will say.	efjD tkbk **;h.** (Kahinh wala **si**.) I was about to say.

Imperative	
Single And Polite	Future Polite
e**j'A.** (Ka**ho**.) Do say.	efj **d/Dk.** (Kahi **denha**.) Please say.

Subjunctive	
Present	Habitual And Consumptive
e**jk.** (Ka**ha**.) Do I say.	efjzdk **jK.** (Kahinda **han**.) I said.
Perfect And Immediate Future efj **fbnk.** (Kahi **lia**.) I have said.	

Conditional	
Present And Habitual efjz**dk.** (Kahin**da**.) He says.	Continuous And Preterite efj **fojk jz[dk.** (Kahi **riha hunda**.) He would be saying.

Presumptive	
Present And Imperfective	Continuous And Future Perfect
ਕਹਿੰਦਾ **ਹੋਵਾਂਗਾ**. (Kahinda **hovanga**.) I would be saying.	ਕਹਿ **ਰਿਹਾ ਹੋਵਾਂਗਾ**. (Kahi **riha hovanga**.) I would have been saying.

(73) To Scream

Infinitive	To scream	uheDk (Cheeknha)

Indicative	
Present	Past
uhedk **jK.** (Cheekda **han.**) I scream.	uhedk **;h.** (Cheekda **si.**) I screamed.
Preterite And Perfect	Pluperfect
uhedk **j'fJnk.** (Cheekda **hoeia.**) It is screamed.	uhefJnk **;h.** (Cheekeia **si.**) I had screamed.
Future And Immediate Future	Immediate Past Future
uheKrk. (Cheekanga.) I will scream.	uheD tkbk **;h.** (Cheeken wala **si.**) I was about to scream.

Imperative	
Single And Polite	Future Polite
uh**e'.** (Chee**ko.**) Do scream.	uhe **b?Dk.**] (Cheek **lainha.**) Please scream.

Subjunctive	
Present	Habitual And Consumptive
uh**eK.** (Chee**kan.**) Do I scream .	uhedk **jK.** (Cheekda **han.**) I scream.
Perfect And Immediate Future uhe **fbnk.** (Cheek **lia.**) I have screamed.	

Conditional	
Present And Habitual	Continuous And Preterite
uhedk. (Cheekda.) He screams.	uhe **fojk jz[dk.** (Cheek **riha hunda.**) He would be screaming.

Presumptive	
Present And Imperfective	Continuous And Future Perfect
ਚੀਕਦਾ ਹੋਵਾਂਗਾ. (Cheekda **hovanga**.) I would be screaming.	ਚੀਕ ਰਿਹਾ ਹੋਵਾਂਗਾ. (Cheek **riha hovanga**.) I would have been screaming.

(74) To See

Infinitive	To see	d/yDk (Dekhnha)

Indicative	
Present	Past
d/ydk **jK.** (Dekhda **han**.) I see.	d/ydk **;h.** (Dekhda **si**.) I saw.
Preterite And Perfect	Pluperfect
d/ydk **j'fJnk.** (Dekhda **hoeia**.) It is seen.	d/fynk **;h.** (Dekheia **si**.) I had seen.
Future And Immediate Future	Immediate Past Future
d/yk**rk.** (Dekha**ga**.) I will see.	d/yD tkbk **;h.** (Dekhnh wala **si**.) I was about to see.

Imperative	
Single And Polite	Future Polite
d/**y'.** (Dek**ho**.) Do see.	d/y **b?Dk.** (Dekh **lainha**.) Please see.

Subjunctive	
Present	Habitual And Consumptive
d/**yk.** (Dek**ha**.) Do I see.	d/ydk **jK.** (Dekhda **han**.) I see.
Perfect And Immediate Future d/y **fbnk.** (Dekh **lia**.) I have seen.	

Conditional	
Present And Habitual	Continuous And Preterite
d/yd**k .** (Dekh**da**.) He sees.	d/y **fojk jz[dk.** (Dekh **riha hunda**.) He would be seeing.

157

Presumptive	
Present And Imperfective	Continuous And Future Perfect
d/ydk j'tKrk. (Dekhda **hovanga**.) I would be seeing.	d/y fojk j'tKrk. (Dekh **riha hovanga**.) I would have been seeing.

(75) To Seem

Infinitive	To seem	BIo nkT[Dk (Nazar aaunha)

Indicative	
Present	Past
BIo nkT[Adk **j?**. (Nazar aaunda **hai**.) I seem.	BIo nkT[Adk **;h**. (Nazar aaunda **si**.) I seemed.
Preterite And Perfect	Pluperfect
BIo nkfJnk **j'fJnk**. (Nazar aaeia **hoeia**.) It is seemed.	BIo nkfJnk **;h**. (Nazar aaeia **si**.) I had seemed.
Future And Immediate Future	Immediate Past Future
BIo nkt/**rk**. (Nazar aave**ga**.) I will seem.	BIo nkT[D tkbk **;h**. (Nazar aaunh wala **si**.) I was about to seem.

Imperative	
Single And Polite	Future Polite
BIo **nkt'**. (Nazar **aavo**.) Do seem.	BIo nk **ikDk**. (Nazar aa **janha**.) Please seem.

Subjunctive	
Present	Habitual And Consumptive
BIo **nktk**. (Nazar **aava**.) Do I seem.	BIo nkT[Adk **jK**. (Nazar aaunda **han**.) I seem.
Perfect And Immediate Future BIo nk **frnk j?**. (Nazar aa **gia hai**.) I have seemed.	

Conditional	
Present And Habitual	Continuous And Preterite
BIo **nkT[Adk**. (Nazar **aaunda**.) He seems.	BIo **nk fojk jz[dk**. (Nazar **aa riha hunda**.) He would be seeming.

Presumptive	
Present And Imperfective	Continuous And Future Perfect
BIo nkT[Adk j'tKrk. (Nazar **aaunda hovanga**.) I would be seeming.	BIo nk fojk j'tKrk. (Nazar **aa riha hovanga**.) I would have been seeming.

(76) To Sell

Infinitive	To sell	t/uDk (Vechanha.)

Indicative	
Present	Past
t/udk jK. (Vechda han.) I sell.	t/udk ;h. (Vechda si.) I sold.
Preterite And Perfect	Pluperfect
t/funk j'fJnk. (Vechia hoeia.) It is sold.	t/funk ;h. (Vecheia si.) I had sold.
Future And Immediate Future	Immediate Past Future
t/ukrk. (Vechaga.) I will sell.	t/uD tkbk ;h. (Vechan wala si.) I was about to sell.

Imperative	
Single And Polite	Future Polite
t/u'A. (Vecho.) Do sell.	t/u b?Dk. (Vech lainha.) Please sell.

Subjunctive	
Present	Habitual And Consumptive
t/uK. (Vechan.) Do I sell.	t/udk jK. (Vechda han.) I sell.
Perfect And Immediate Future t/u fbnk. (Vech lia.) I have sold.	

Conditional	
Present And Habitual	Continuous And Preterite
t/udk. (Vechda.) He sells.	t/u fojk jz[dk. (Vech riha hunda.) He would be selling.

Presumptive	
Present And Imperfective	Continuous And Future Perfect
t/udk j'tKrk. (Vechda **hovanga**.) I would be selling.	t/u fojk j'tKrk. (Vech **riha hovanga**.) I would have been selling.

(77) To Send

Infinitive	To send	G/iDk (Bhejnha)

Indicative	
Present	Past
G/idk **jK.** (Bhejda **han**.) I send.	G/idk **;h.** (Bhejda **si**.) I sent.
Preterite And Perfect	Pluperfect
G/fink **j'fJnk.** (Bhejia **hoeia**.) It is sent.	G/fink **;h.** (Bhejia **si**.) I had sent.
Future And Immediate Future	Immediate Past Future
G/ik**rk.** (Bheja**ga**.) I will send.	G/iD tkbk **;h.** (Bhejnh wala **si**.) I was about to send.

Imperative	
Single And Polite	Future Polite
G/**i'.** (Bhej**o**.) Do send.	G/i **d/Dk.** (Bhej **denha**.) Please send.

Subjunctive	
Present	Habitual And Consumptive
G/**ik.** (Bhej**a**.) Do I send.	G/idk **jK.** (Bhejda **han**.) I send.
Perfect And Immediate Future G/i **fbnk.** (Bhej **lia**.) I have sent.	

Conditional	
Present And Habitual G/i**dk.** (Bhej**da**.) He sends.	Continuous And Preterite G/i **fojk jz[dk.** (Bhej **riha hunda**.) He would be sending.

Presumptive	
Present And Imperfective	Continuous And Future Perfect
G/idk **j'tKrk.** (Bhejda **hovanga**.) I would be sending.	G/i **fojk j'tKrk.** (Bhej **riha hovanga**.) I would have been sending.

(78) To Show

Infinitive	To show	ftykT[Dk (Vikhaunha)

Indicative	
Present	Past
ftykT[Adk **jK**. (Vikhaunda **han**.) I show.	ftykT[Adk **;h**. (Vikhaunda **si**.) I showed.
Preterite And Perfect	Pluperfect
ftykfJnk **j'fJnk**. (Vikhaeia **hoeia**.) It is showed.	ftykfJnk **;h**. (Vikhaeia **si**.) I had showed.
Future And Immediate Future	Immediate Past Future
ftyktk**rk**. (Vikhava**ga**.) I will show.	ftykT[D tkbk **;h**. (Vikhaunh wala **si**.) I was about to show.

Imperative	
Single And Polite	Future Polite
ftyk**t'**. (Vikha**vo**.) Do show.	ftyk d/ **d/Dk**. (Vikha de **denha**.) Please show.

Subjunctive	
Present	Habitual And Consumptive
ftyk**tk**. (Vikha**va**.) Do I show.	ftykT[Adk **jK**. (Vikhaunda **han**.) I show.
Perfect And Immediate Future	
ftyk **fbnk**. (Vikha **lia**.) I have showed.	

Conditional	
Present And Habitual	Continuous And Preterite
t/y**dk**. (Vikh**da**.) He shows.	t/y fojk jz[dk. (Vikh **riha hunda**.) He would be showing.

Presumptive	
Present And Imperfective	Continuous And Future Perfect
t/ydk j'tKrk. (Vikhda **hovanga**.) I would be showing.	t/y fojk j'tKrk. (Vikh **riha hovanga**.) I would have been showing.

(79) To Sing

Infinitive	To sing	rkT[Dk (Gaaunha)

Indicative	
Present	Past
rkT[Adk **jK.** (Gaunda **han.**) I sing.	rkT[Adk **;h.** (Gaunda **si.**) I sang.
Preterite And Perfect	Pluperfect
rkfJnk **j'fJnk.** (Gaeia **hoeia.**) It is sung.	rkfJnk **;h.** (Gaeia **si.**) I had sung.
Future And Immediate Future	Immediate Past Future
rktk**rk.** (Gava**ga.**) I will sing.	rkT[D tkbk **;h.** (Gaunh wala **si.**) I was about to sing.

Imperative	
Single And Polite	Future Polite
rkT[. (Ga**o.**) Do sing.	rk **b?Dk.** (Gaa **lainha.**) Please sing.

Subjunctive	
Present	Habitual And Consumptive
rk**tK.** (Ga**van.**) Do I sing.	rkT[Adk **jK.** (Gaunda **han.**) I sing.
Perfect And Immediate Future rk **fbnk.** (Gaa **lia.**) I have sung.	

Conditional	
Present And Habitual	Continuous And Preterite
rkT[A**dk.** (Gaun**da.**) He sings.	rk **fojk jz[dk.** (Gaa **riha hunda.**) He would be singing.

Presumptive	
Present And Imperfective	Continuous And Future Perfect
rkT[Adk **j'tKrk**. (Gaunda **hovanga**.) I would be singing.	rk **fojk** **j'tKrk**. (Gaa **riha hovanga**.) I would have been singing.

(80) To Sit down

Infinitive	To sit down	p?mDk (Baithnha)

Indicative	
Present	Past
p?mdk **jK.** (Baithda **han**.) I sit down.	p?mdk **;h.** (Baithda **si**.) I sat down.
Preterite And Perfect	Pluperfect
p?fmnk **j'fJnk.** (Baithia **hoeia**.) It is sat down.	p?fmnk **;h.** (Baithia **si**.) I had sat down.
Future And Immediate Future	Immediate Past Future
p?mk**rk.** (Baitha**ga**.) I will sit down.	p?mD tkbk **;h.** (Baithnh wala **si**.) I was about sit sat down.

Imperative	
Single And Polite	Future Polite
p?m'. (Bai**tho**) Do sit down.	p?m **ikDk.** (Baith **janha**) Please sit down.

Subjunctive	
Present	Habitual And Consumptive
p?**mk.** (Bai**tha**.) Do I sit down.	p?mdk **jK.** (Baithda **han**.) I sit down.
Perfect And Immediate Future p?m **frnk.** (Baith **gia**.) It has sat down.	

Conditional	
Present And Habitual	Continuous And Preterite
p?m**dk.** (Baith**da**.) He sits down.	p?m **fojk j[zdk.** (Baith **riha hunda**.) He would be sitting down.

Presumptive	
Present And Imperfective	Continuous And Future Perfect
p?mdk j'tKrk. (Baithda **hovanga**.) I would be sitting down.	p?m fojk j'tKrk. (Baith **riha hovanga**.) I would have been sitting down.

(81) To Sleep

Infinitive	To sleep	;"Dk (Saunha)

Indicative	
Present	Past
;"dk jK. (Sauda **han**.) I sleep.	;"dk ;h. (Sauda **si**.) I slept.
Preterite And Perfect	Pluperfect
;"fJnk j'fJnk. (Saueia **hoeia**.) It is slept.	;"fJnk ;h. (Saueia **si**.) I had slept.
Future And Immediate Future	Immediate Past Future
;"tkrk. (Sauva**ga**.) I will sleep.	;"D tkbk ;h. (Saunh wala **si**.) I was about to sleep.

Imperative	
Single And Polite	Future Polite
;'t'. (So**vo**.) Do sleep.	;" b?Dk. (Sau **lainha**.) Please sleep.

Subjunctive	
Present	Habitual And Consumptive
;"tK. (Sau**van**.) Do I sleep.	;"dk jK. (Saunda **han**.) I sleep.
Perfect And Immediate Future	
;" fbnk. (Sau **lia**.) I have slept.	

Conditional	
Present And Habitual	Continuous And Preterite
;"dk. (Saun**da**.) He sleeps.	;" fojk j[zdk. (Sau **riha hunda**.) He would be sleeping.

Presumptive	
Present And Imperfective	Continuous And Future Perfect
ਸੌਂਦਾ ਹੋਵਾਂਗਾ. (Saunda **hovanga**.) I would be sleeping.	ਸੌਂ ਰਿਹਾ ਹੋਵਾਂਗਾ. (Sau **riha hovanga**.) I would have been sleeping.

(82) To Smile

Infinitive	To smile	w[;eokT[Dk (Muskraunha)

Indicative	
Present	Past
w[;eokT[Adk jK. (Muskraunda han.) I smile.	w[;eokT[Adk ;h. (Muskraunda si.) I smiled.
Preterite And Perfect	Pluperfect
w[;eokfJnk j'fJnk. (Muskraeia hoeia.) It is smiled.	w[;eokfJnk ;h. (Muskraeia si.) I had smiled.
Future And Immediate Future	Immediate Past Future
w[;eoktKrk. (Muskravanga.) I will smile.	w[;eokT[AD tkbk ;h. (Muskraunh wala si.) I was about to smile.

Imperative	
Single And Polite	Future Polite
w[;eokT[. (Muskrao.) Do smile.	w[;eok b?Dk. (Muskra lainha.) Please smile.

Subjunctive	
Present	Habitual And Consumptive
w[;eoktK. (Muskravan.) Do I smile.	w[;eokT[Adk jK. (Muskraunda han.) I smile.
Perfect And Immediate Future	
w[;eok fbnk. (Muskra lia.) I have smiled.	

Conditional	
Present And Habitual	Continuous And Preterite
w[;eokT[Adk. (Muskrunda.) He smiles.	w[;eok fojk j[zdk. (Muskra riha hunda.) He would be smiling.

Presumptive	
Present And Imperfective	Continuous And Future Perfect
ਮੁਸਕਰਾਉਂਦਾ **ਹੋਵਾਂਗਾ**. (Muskraunda **hovanga**.) I would be smiling.	ਮੁਸਕਰਾ **ਰਿਹਾ ਹੋਵਾਂਗਾ**. (Muskra **riha hovanga**.) I would have been smiling.

(83) To Speak

Infinitive	To speak	`tkoskbkg eoBk` (Vartalap karna)

Indicative	
Present	Past
`tkoskbkg eodk jK.` (Vartalap karda **han**.) I speak.	`tkoskbkg eodk ;h.` (Vartalap karda **si**.) I spoke.
Preterite And Perfect	Pluperfect
`tkoskbkg ehsh j'Jh.` (Vartalap **kitti hoei**.) It is spoken.	`tkoskbkg ehsh ;h.` (Vartalap **kitti si**.) I had spoken.
Future And Immediate Future	Immediate Past Future
`tkoskbkg eoKrk.` (Vartalap **kardanga**.) I will speak.	`tkoskbkg eoB tkbk ;h.` (Vartalap karn wala **si**.) I was about to speak.

Imperative	
Single And Polite	Future Polite
`tkoskbkg eo'.` (Vartalap **karo**.) Do speak.	`tkoskbkg eo b?Dk.` (Vartalap kar **lainha**.) Please speak.

Subjunctive	
Present	Habitual And Consumptive
`tkoskbkg eoK.` (Vartalap **karan**.) Do I speak.	`tkoskbkg eodk jK.` (Vartalap karda **han**.) I speak.
Perfect And Immediate Future `tkoskbkg eo bh.` (Vartalap kar **lee**.) I have spoken.	

Conditional	
Present And Habitual	Continuous And Preterite
`tkoskbkg eodk.` (Vartalap **karda**.) He speaks.	`tkoskbkg eo fojk jz[dk.` (Vartalap **kar riha hunda**.) He would be speaking.

Presumptive	
Present And Imperfective	Continuous And Future Perfect
ਵਾਰਤਾਲਾਪ **ਕਰਦਾ ਹੋਵਾਂਗਾ.** (Vartalap **karda hovanga.**) I would be speaking.	ਵਾਰਤਾਲਾਪ **ਕਰ ਰਿਹਾ ਹੋਵਾਂਗਾ.** (Vartalap **kar riha hovanga.**) I would have been speaking.

(84) To Stand

Infinitive	To stand	yVQ/ j'Dk (Kharhe honha)

Indicative	
Present	Past
yVQk j[zdk **jK**. (Kharha hunda **han**.) I stand.	yVQk j[zdk **;h**. (Kharha hunda **si**.) I stood.
Preterite And Perfect	Pluperfect
yVQk **j'fJnk** j?. (Khrha **hoeia**.) It is stood.	yVQk **j'fJnk ;h**. (Khrha **hoeia si**.) I had stood.
Future And Immediate Future	Immediate Past Future
yVQk j'tK**rk**. (Khrha hova**nga**.) I will stand.	yVQk j'D tkbk ;h. (Khrha honh wala si.) I was about to stand.

Imperative	
Single And Polite	Future Polite
yVQ/ **j't'**. (Khrhe **hovo**.) Do stand.	yVQk j' **ikDk**. (Khrha ho **janha**.) Please stand.

Subjunctive	
Present	Habitual And Consumptive
yVQ/ **j'tK**. (Khrha **hovan**.) Do I stand.	yVQk j[zdk **jK**. (Khrha hunda **han**.) I stand.
Perfect And Immediate Future yVQk j' **frnk**. (Khrha ho **gia**.) I have stood.	

Conditional	
Present And Habitual	Continuous And Preterite
yVQk **j[zdk**. (Khrha **hunda**.) He stands.	yVQk j' **fojk jz[dk**. (Khrha **ho riha hunda**.) He would be standing.

Presumptive	
Present And Imperfective	Continuous And Future Perfect
yVQk j[zdk j'tKrk. (Khrha **hunda hovanga**.) I would be standing.	yVQk j' fojk j'tKrk. (Khrha **ho riha hovanga**.) I would have been standing.

(85) To Start

Infinitive	To start	P[o{ eoBk (Shuroo karna)

Indicative	
Present	Past
P[o{ eodk jK. (Shuroo karda han.) I start.	P[o{ eodk ;h. (Shuroo karda si.) I started.
Preterite And Perfect	Pluperfect
P[o{ ehsk j'fJnk. (Shuroo kitta hoeia.) It is started.	P[o{ ehsk ;h. (Shruoo kitta si.) I had started.
Future And Immediate Future	Immediate Past Future
P[o{ eoKrk. (Shruoo karanga.) I will start.	P[o{ eoB tkbk ;h. (Shruoo karn wala si.) I was about to start.

Imperative	
Single And Polite	Future Polite
P[o{ eo'. (Shruoo karo.) Do start.	P[o{ eo b?Dk. (Shruoo kar lainha.) Please start.

Subjunctive	
Present	Habitual And Consumptive
P[o{ eoK.. (Shruoo karan.) Do I start.	P[o{ eodk jK.. (Shruoo karda han.) I start.
Perfect And Immediate Future	
P[o{ eo fbnk. (Shruoo kar lia.) I have started.	

Conditional	
Present And Habitual	Continuous And Preterite
P[o{ eodk. (Shruoo karda.) He starts.	P[o{ eo fojk j[zdk. (Shruoo kar riha hunda.) He would be starting.

Presumptive	
Present And Imperfective	Continuous And Future Perfect
ਸ਼ੁਰੂ **ਕਰਦਾ ਹੋਵਾਂਗਾ**. (Shruoo **karda hovanga**.) I would be starting.	ਸ਼ੁਰੂ **ਕਰ ਰਿਹਾ ਹੋਵਾਂਗਾ**. (Shruoo **kar riha hovanga**.) I would have been starting.

(86) To stay

Infinitive	To stay	mfjoDk (Thahiranha)

Indicative	
Present	Past
mfjodk **jK.** (Thahirda **han.**) I stay.	mfjodk **;h.** (Thahirda **si.**) I stayed.
Preterite And Perfect	Pluperfect
mfjfonk **j'fJnk.** (Thahiria **hoeia.**) It is stayed.	mfjfonk **;h.** (Thahiria **si.**) I had stayed.
Future And Immediate Future	Immediate Past Future
mfjok**rk.** (Thahira**ga.**) I will stay.	mfjoD tkbk **;h.** (Thahiranh wala **si.**) I was about to stay.

Imperative	
Single And Polite	Future Polite
mfjo**'.** (Thahir**o.**) Do stay.	mfjo **ikDk.** (Thahir **janha.**) Please stay.

Subjunctive	
Present	Habitual And Consumptive
mfj**ok.** (Thahir**a.**) Do I stay.	mfjodk **jK.** (Thahirda **han.**) I stay.
Perfect And Immediate Future	
mfjo **frnk.** (Thahir **gia.**) I have stayed.	

Conditional	
Present And Habitual mfjo**dk.** (Thahir**da.**) He stays.	Continuous And Preterite mfjo **fojk j[zdk.** (Thahir **riha hunda.**) He would be staying.

Presumptive	
Present And Imperfective	Continuous And Future Perfect
ਠਹਿਰਦਾ ਹੋਵਾਂਗਾ. (Thahirda **hovanga**.) I would be staying.	ਠਹਿਰ ਰਿਹਾ ਹੋਵਾਂਗਾ. (Thahir **riha hovanga**.) I would have been staying.

(87) To Take

Infinitive	To take	geVBk (Pakarhana)

Indicative	
Present	Past
geVdk **jK.**	geVdk **;h.**
(Pakrhda **han**.)	(Pakrhda **si**.)
I take.	I took.
Preterite And Perfect	Pluperfect
gefJnk **j'fJnk j?.**	geVfJnk **;h.**
(Pakrhia **hoeia hai**.)	(Pakrheia **si**.)
It is taken.	I had taken.
Future And Immediate Future	Immediate Past Future
geVk**rk.**	geVB tkbk **;h.**
(Pakrha**ga**.)	(Pakrhn wala **si**.)
I will take.	I was about to take.

Imperative	
Single And Polite	Future Polite
geV**'.**	geV **b?Dk.**
(Pakr**ho**.)	(Pakrh **lainha**.)
Do take.	Please take.

Subjunctive	
Present	Habitual And Consumptive
ge**VK.**	geVdk **jK.**
(Pak**rhan**.)	(Pakrhda **han**.)
Do I take.	I take.
Perfect And Immediate Future	
geV **fbnk.**	
(Pakrh **lia**.)	
I have taken.	

Conditional	
Present And Habitual	Continuous And Preterite
geV**dk.**	geV **fojk j[zdk.**
(Pakrh**da**.)	(Pakrh **riha hunda**.)
He takes.	He would be taking.

Presumptive	
Present And Imperfective	Continuous And Future Perfect
geVdk **j'tKrk**. (Pakrhda **hovanga**.) I would be taking.	geV **fojk j'tKrk**. (Pakrh **riha hovanga**.) I would have been taking.

(88) To Talk

Infinitive	To talk	rZbpks eoBk (Galbaat karna)

Indicative	
Present	Past
rZbpks eodk **jK.** (Galbaat karda **han**.) I talk.	rZbpks eodk **;h.** (Galbaat karda **si**.) I talked.
Preterite And Perfect	Pluperfect
rZbpks **ehsh j'Jh j?.** (Galbaat **kitti hoei hai**.) It is talked.	rZbpks **ehsh ;h.** (Galbaat **kitti si**.) I had talked.
Future And Immediate Future	Immediate Past Future
rZbpks eo**Krk.** (Galbaat kara**nga**.) I will talk.	rZbpks eoB tkbk **;h.** (Galbaat karn wala **si**.) I was about to talk.

Imperative	
Single And Polite	Future Polite
rZbpks **eo'.** (Galbaat **karo**.) Do talk.	rZbpks eo **b?Dk.** (Galbaat kar **lainha**.) Please talk.

Subjunctive	
Present	Habitual And Consumptive
rZbpks **eoK.** (Galbaat **karan**.) Do I talk.	rZbpks eodk **jK.** (Galbaat karda **han**.) I talk.
Perfect And Immediate Future	
rZbpks eo **fbnk.** (Galbaat kar **lia**.) I have talked.	

Conditional	
Present And Habitual	Continuous And Preterite
rZbpks **eodk.** (Galbaat **karda**.) He talks.	rZbpks **eo fojk j[zdk.** (Galbaat **kar riha hunda**.) He would be talking.

Presumptive	
Present And Imperfective	Continuous And Future Perfect
rZbpks **eodk j'tKrk.** (Galbaat **karda hovanga**.) I would be talking.	rZbpks **eo fojk j'tKrk.** (Galbaat **kar riha hovanga**.) I would have been talking.

(89) To Teach

Infinitive	To teach	`f;Zfynk d/Dk` (Sikhia denha)

Indicative	
Present	Past
`f;Zfynk fdzdk jK.` (Sikhia dinda han.) I teach.	`f;Zfynk fdzdk ;h.` (Sikhia dinda si.) I taught.
Preterite And Perfect	Pluperfect
`f;Zfynk fdZsh j'Jh j?.` (Sikheia ditti hoei hai.) It is taught.	`f;Zfynk fdZsh ;h.` (Sikheia ditti si.) I had taught.
Future And Immediate Future	Immediate Past Future
`f;Zfynk d/tkrk.` (Sikheia devaga.) I will teach.	`f;Zfynk d/D tkbk ;h.` (Sikhia denh wala si.) I was about to teach.

Imperative	
Single And Polite	Future Polite
`f;Zfynk d/t'.` (Sikhia devo.) Do teach.	`f;Zfynk d/ d/Dk.` (Sikhia de denha.) Please teach.

Subjunctive	
Present	Habitual And Consumptive
`f;Zfynk d/tK.` (Sikhia devan.) Do I teach.	`f;Zfynk fdzdk jK.` (Sikhia denda han.) I teach.
Perfect And Immediate Future	
`f;Zy fbnk.` (Sikh lia.) I have taught.	

Conditional	
Present And Habitual	Continuous And Preterite
`f;Zfynk fdzdk.` (Sikhia denda.) He teaches.	`f;Zfynk d/ fojk j[zdk.` (Sikhia de riha hunda.) He would be teaching.

Presumptive	
Present And Imperfective	Continuous And Future Perfect
`f;Zfynk` **`fdzdk j'tKrk.`** (Sikhia **denda hovanga**.) I would be teaching.	`f;Zfynk` **`d/ fojk j'tKrk.`** (Sikhia **de riha hovanga**.) I would have been teaching.

(90) To Think

Infinitive	To think	;'uDk (Sochanha)

Indicative	
Present	Past
;'udk jK.	;'udk ;h.
(Sochda han.)	(Sochda si.)
I think.	I thought.
Preterite And Perfect	Pluperfect
;'funk j'fJnk j?.	;'funk ;h.
(Sochia hoeia hai.)	(Sochia si.)
It is thought.	I had thought.
Future And Immediate Future	Immediate Past Future
;'ukrk.	;'uD tkbk ;h.
(Sochaga.)	(Sochnh wala si.)
I will think.	I was about to think.

Imperative	
Single And Polite	Future Polite
;'u'.	;'u b?Dk.
(Socho.)	(Soch lainha.)
Do think.	Please think.

Subjunctive	
Present	Habitual And Consumptive
;'uK.	;'udk jK.
(Sochan.)	(Sochda han.)
Do I think.	I think.
Perfect And Immediate Future	
;'u fbnk.	
(Soch lia.)	
I have thought.	

Conditional	
Present And Habitual	Continuous And Preterite
;'udk.	;'u fojk jz[dk.
(Sochda.)	(Soch riha hunda.)
He thinks.	He would be thinking.

Presumptive	
Present And Imperfective	Continuous And Future Perfect
;'udk j'tKrk. (Sochda **hovanga**.) I would be thinking.	;'u fojk j'tKrk. (Soch **riha hovanga**.) I would have been thinking.

(91) To Touch

Infinitive	To touch	S{j b?Dk (Chhooh lainha)

Indicative	
Present	Past
S{jdk jK.	S{jdk ;h.
(Chhoohda han.)	(Chhoohda si.)
I touch.	I touched.
Preterite And Perfect	Pluperfect
S{fjnk j'fJnk.	S{fjnk ;h.
(Chhooheia hoeia.)	(Chhooheia si.)
It is touched.	I had touched.
Future And Immediate Future	Immediate Past Future
S{jkrk.	S{jD tkbk ;h.
(Chhoohaga.)	(Chhoohnh wala si.)
I will touch.	I was about to touch.

Imperative	
Single And Polite	Future Polite
S{j b'.	S{j b?Dk.
(Chhooh lo.)	(Chhooh lainha.)
Do touch.	Please touch.

Subjunctive	
Present	Habitual And Consumptive
S{jK.	S{jdk jK.
(Chhoohan.)	(Chhoohda han.)
Do I touch.	I touch.
Perfect And Immediate Future	
S{j fbnk.	
(Chhooh lia.)	
I have touched.	

Conditional	
Present And Habitual	Continuous And Preterite
S{jdk.	S{j fojk jz[dk.
(Chhoohda.)	(Chhooh riha hunda.)
He touches.	He would be touching.

Presumptive	
Present And Imperfective	Continuous And Future Perfect
S{jdk j'tKrk. (Chhoohda **hovanga**.) I would be touching.	S{j fojk j'tKrk. (Chhooh **riha hovanga**.) I would have been touching.

(92) To Travel

Infinitive	To travel	;cao eoBk (Saphar karna)

Indicative	
Present	Past
;cao eodk **jK.** (Saphr karda **han.**) I travel.	;cao eodk **;h.** (Saphr karda **si.**) I travelled.
Preterite And Perfect	Pluperfect
;cao **ehsk j'fJnk.** (Saphr **kitta hoeia.**) It is travelled.	;cao **ehsk ;h.** (Saphr **kitta si.**) I had travelled.
Future And Immediate Future	Immediate Past Future
;cao eoK**rk.** (Saphr **karanga.**) I will travel.	;cao eoB tkbk ;h. (Saphr karn wala **si.**) I was about to travel.

Imperative	
Single And Polite	Future Polite
;cao **eo'.** (Saphr **karo.**) Do travel.	;cao eo **b?Dk.** (Saphr kar **lainha.**) Please travel.

Subjunctive	
Present	Habitual And Consumptive
;cao **eoK.** (Saphr **karan.**) Do I travel.	;cao eodk **jK.** (Saphr karda **han.**) I travel.
Perfect And Immediate Future	
;cao eo **fbnk.** (Saphr kar **lia.**) I have travelled.	

Conditional	
Present And Habitual	Continuous And Preterite
;cao **eodk.** (Saphr **karda.**) He travels.	;cao **eo fojk j[zdk.** (Saphr **kar riha hunda.**) He would be travelling.

Presumptive	
Present And Imperfective	Continuous And Future Perfect
ਸਫਰ **ਕਰਦਾ ਹੋਵਾਂਗਾ**. (Saphr **karda hovanga**.) I would be travelling.	ਸਫਰ **ਕਰ ਰਿਹਾ ਹੋਵਾਂਗਾ**. (Saphr **kar riha hovanga**.) I would have been travelling.

(93) To Understand

Infinitive	To understand	;wMDk (Samajhanha)

Indicative	
Present	Past
;wMdk **jK.** (Samajhda **han.**) I understand.	;wMdk **;h.** (Samajhda **si.**) I understood.
Preterite And Perfect	Pluperfect
;wMfJnk **j'fJnk.** (Samajhia **hoeia.**) It is understood.	;wMfJnk **;h.** (Samajheia **si.**) I had understood.
Future And Immediate Future	Immediate Past Future
;wMkrk. (Samajha**ga.**) I will understand.	;wMD tkbk ;h. (Samajhanh wala **si.**) I was about to understand.

Imperative	
Single And Polite	Future Polite
;wM'. (Samaj**ho.**) Do understand.	;wM **b?Dk.** (Samajh **lainha.**) Please understand.

Subjunctive	
Present	Habitual And Consumptive
;wM**K.** (Samaj**han.**) Do I understand.	;wMdk **jK.** (Samajhda **han.**) I understand.
Perfect And Immediate Future ;wM **fbnk.** (Samajh **lia.**) I have understood.	

Conditional	
Present And Habitual	Continuous And Preterite
;wMdk. (Samaj**hda.**) He understands.	;wM **fojk jz[dk.** (Samajh **riha hunda.**) He would be understanding.

Presumptive	
Present And Imperfective	Continuous And Future Perfect
;wMdk j'tKrk.	;wM fojk j'tKrk.
(Samajhda **hovanga**.)	(Samajh **riha hovanga**.)
I would be understanding.	I would have been understanding.

(94) To Use

Infinitive	To use	tos'A eoBk (Varton karna)

Indicative	
Present	Past
tos'A eodk **jK**. (Varton karda **han**.) I use.	tos'A eodk **;h**. (Varton karda **si**.) I used.
Preterite And Perfect	Pluperfect
tos'A **ehsh j'fJnk j?**. (Varton **kitti hoeia hai**.) It is used.	tos'A **ehsh ;h**. (Varton **kitti si**.) I had used.
Future And Immediate Future	Immediate Past Future
tos'A eoK**rk**. (Varton **karanga**.) I will use.	tos'A eoB tkbk **;h**. (Varton karn wala **si**.) I was about to use.

Imperative	
Single And Polite	Future Polite
tos'A **eo'**. (Varton **karo**.) Do use.	tos'A eo **b?Dk**. (Varton kar **lainha**.) Please use.

Subjunctive	
Present	Habitual And Consumptive
tos'A **eoK**. (Varton **karan**.) Do I use.	tos'A eodk **jK**. (Varton karda **han**.) I use.
Perfect And Immediate Future	
tos'A eo **fbnk**. (Varton kar **lia**.) I have used.	

Conditional	
Present And Habitual	Continuous And Preterite
tos'A **eodk**. (Varton **karda**.) He uses.	tos'A **eo fojk jz[dk**. (Varton **kar riha hunda**.) He would be using.

Presumptive	
Present And Imperfective	Continuous And Future Perfect
`tos'A eodk j'tKrk.` (Varton **karda hovanga**.) I would be using.	`tos'A eo fojk j'tKrk.` (Varton **kar riha hovanga**.) I would have been using.

(95) To wait

Infinitive	To wait	T[vhe eoBk (Udeek karna)

Indicative	
Present	Past
T[vhe eodk jK.	T[vhe eodk ;h/.
(Udeek karda **han**.)	(Udeek karda **si**.)
I wait.	I waited.
Preterite And Perfect	Pluperfect
T[vhe **ehsh** j'Jh.	T[vhe **ehsh** ;h.
(Udeek **kitti hoei**.)	(Udeek **kitti si**.)
It is waited.	I had waited.
Future And Immediate Future	Immediate Past Future
T[vhe eoK**rk**.	T[vhe eoB tkbk ;h.
(Udeek kara**nga**.)	(Udeek karn wala **si**.)
I will wait.	I was about to wait.

Imperative	
Single And Polite	Future Polite
T[vhe **eo'**.	T[vhe eo **b?Dk**.
(Udeek **karo**.)	(Udeek kar **lainha**.)
Do wait.	Please wait.

Subjunctive	
Present	Habitual And Consumptive
T[vhe **eoK**.	T[vhe eodk **jK**.
(Udeek **karan**.)	(Udeek karda **han**.)
Do I wait.	I wait.
Perfect And Immediate Future	
T[vhe **fbnk**.	
(Udeek **lia**.)	
I have waited.	

Conditional	
Present And Habitual	Continuous And Preterite
T[vhe **eodk**.	T[vhe **eo fojk j[zdk**.
(Udeek **karda**.)	(Udeek **kar riha hunda**.)
He waits.	He would be waiting.

Presumptive	
Present And Imperfective	Continuous And Future Perfect
T[vhe eodk j'tKrk. (Udeek **karda hovanga**.) I would be waiting.	T[vhe eo fojk j'tKrk. (Udeek **kar riha hovanga**.) I would have been waiting.

(96) To walk

Infinitive	To walk	uZbDk (Chalanha)

Indicative	
Present	Past
uZbdk **jK.** (Chalda **han.**) I walk.	uZbdk **;h.** (Chalda **si.**) I walked.
Preterite And Perfect	Pluperfect
uZfbnk **j'fJnk j?.** (Chalia **hoeia hai.**) I will walk.	uZfbnk **;h.** (Chalia **si.**) I had walked.
Future And Immediate Future	Immediate Past Future
uZbk**rk.** (Chala**ga.**) I will walk.	uZbD tkbk **;h.** (Chalnh wala **si.**) I was about to walk.

Imperative	
Single And Polite	Future Polite
ub**''.** (Chal**o.**) Do walk.	uZb/ **ikDk.** (Chale **janha.**) Please walk.

Subjunctive	
Present	Habitual And Consumptive
ub**K.** (Chal**an.**) Do I walk.	uZbdk **jK.** (Chalda **han.**) I walk.
Perfect And Immediate Future	
uZbk **frnk.** (Chala **gia.**) I have walked.	

Conditional	
Present And Habitual	Continuous And Preterite
uZb**dk.** (Chal**da.**) He walks.	uZb **fojk jz[dk.** (Chal **riha hunda.**) He would be walking.

Presumptive	
Present And Imperfective	Continuous And Future Perfect
uZbdk j'tKrk. (Chalda **hovanga**.) I would be walking.	uZb fojk j'tKrk. (Chal **riha hovanga**.) I would have been walking.

(97) To want

Infinitive	To want	ukj[Dk (Chahunha)

Indicative	
Present	Past
ukj[zdk **jK**.	ukjz[dk ;**h**.
(Chahunda **han**.)	(Chahunda **si**.)
I want.	I wanted.
Preterite And Perfect	Pluperfect
ukfjnk **j'fJnk j?**.	ukfjnk ;**h**.
(Chahunia **hoeia hai**.)	(Chaia **si**.)
It is wanted.	I had wanted.
Future And Immediate Future	Immediate Past Future
ukjk**rk**.	ukj[D tkbk ;**h**.
(Chaha**ga**.)	(Chahunh wala **si**.)
I will want.	I was about to want.

Imperative	
Single And Polite	Future Polite
ukj'.	ukn **b?Dk**.
(Cha**ho**.)	(Chaa **lainha**.)
Do want.	Please want.

Subjunctive	
Present	Habitual And Consumptive
uk**tK**.	ukj[zdk **jK**.
(Cha**van**.)	(Chahunda **han**.)
Do I want.	I want.
Perfect And Immediate Future	
ukn **fbnk**.	
(Chaa **lia**.)	
I have wanted.	

Conditional	
Present And Habitual	Continuous And Preterite
ukj[zdk.	ukn **fojk j[zdk**.
(Chahun**da**.)	(Chaa **riha hunda**.)
He wants.	He would be wanting.

Presumptive	
Present And Imperfective	Continuous And Future Perfect
`ukj[zdk` **`j'tKrk`**`.` (Chahunda **hovanga**.) I would be wanting.	`ukn` **`fojk j'tKrk`**`.` (Chaa **riha hovanga**.) I would have been wanting.

(98) To watch

| Infinitive | To watch | BIo oZyDk (Nazar rakhnha) |

Indicative	
Present	Past
BIo oZydk **jK**. (Nazar rakhda **han**.) I watch.	BIo oZydk ;h. (Nazar rakhda si.) I watched.
Preterite And Perfect	Pluperfect
BIo oZyh j'Jh j?. (Nazar rakhi hoei hai.) It is watched.	BIo oZyh ;h. (Nazar rakhi si.) I had watched.
Future And Immediate Future	Immediate Past Future
BIo oZyKrk. (Nazar rakhanga.) I will watch.	BIo oZyD tkbk ;h. (Nazar rakhnh wala si.) I was about to watch.

Imperative	
Single And Polite	Future Polite
BIo oZy'. (Nazar rakho.) Do watch.	BIo oZy b?Dk. Nazar rakh lainha.) Please watch.

Subjunctive	
Present	Habitual And Consumptive
BIo oZyK. (Nazar rakhan.) Do I watch.	BIo oZydk jK. (Nazar rakhda han.) I watch.
Perfect And Immediate Future	
BIo oZy bh. (Nazar rakh lee.) I have watched.	

Conditional	
Present And Habitual	Continuous And Preterite
BIo oZydk. (Nazar rakhda.) He watches.	BIo oZy fojk jz[dk. (Nazar rakh riha hunda.) He would be watching.

Presumptive	
Present And Imperfective	Continuous And Future Perfect
BIo oZydk j'tKrk. (Nazar rakhda hovanga.) I would be watching.	BIo oZy fojk j'tKrk. (Nazar rakh riha hovanga.) I would have been watching.

(99) To win

Infinitive	To win	fiZsDk (Jitnha)

Indicative	
Present	Past
fiZsdk jK. (Jitda han.) I win.	fiZsdk ;h. (Jitda si.) I won.
Preterite And Perfect	Pluperfect
fiZfsnk j'fJnk. (Jitia hoeia.) It is won.	fiZfsnk ;h. (Jitia si.) I had won.
Future And Immediate Future	Immediate Past Future
fiZsKrk. (Jittanga.) I will win.	fiZsD tkbk ;h. (Jitanh wala si.) I was about to win.

Imperative	
Single And Polite	Future Polite
fiZs'. (Jito.) Do win.	fiZsD b?Dk. (Jitanh lainha.) Please win.

Subjunctive	
Present	Habitual And Consumptive
fiZsK. (Jitan.) Do I win.	fiZsdk jK. (Jitda han.) I win.
Perfect And Immediate Future	
fiZs fbnk. (Jit lia.) I have won.	

Conditional	
Present And Habitual	Continuous And Preterite
fiZsdk. (Jitda.) He wins.	fiZs fojk jz[dk. (Jit riha hunda.) He would be winning.

Presumptive	
Present And Imperfective	Continuous And Future Perfect
ਜਿੱਤਦਾ ਹੋਵਾਂਗਾ। (Jitda hovanga.) I would be winnig.	ਜਿੱਤ ਰਿਹਾ ਹੋਵਾਂਗਾ। (Jit riha hovanga.) I would have been winning.

(100) To Work

Infinitive	To work	ezw eoBk *(Kam karna)*

Indicative	
Present	Past
ezw eodk jK. (Kam karda han.) I work.	ezw eodk ;h. (kam karda si.) I worked.
Preterite And Perfect	Pluperfect
ezw ehsk j'fJnk j?. (Kam kitta hoeia hai.) It is worked.	ezw ehsk ;h. (Kam kitta si.) I had worked.
Future And Immediate Future	Immediate Past Future
ezw eoKrk. (Kam karanga.) I will work.	ezw eoB tkbk ;h. (Kam karn wala si.) I was about to work.

Imperative	
Single And Polite	Future Polite
ezw eo'. (Kam karo.) Do work.	ezw eo b?Dk. (Kam kar lainha.) Please work.

Subjunctive	
Present	Habitual And Consumptive
ezw eoK. (Kam karan.) Do I work.	ezw eodk jK. (Kam karda han.) I work.
Perfect And Immediate Future ezw eo fbnk. (Kam kar lia.) I have worked.	

Conditional	
Present And Habitual	Continuous And Preterite
ezw eodk. (Kam karda.) He works.	ezw eo fojk jz[dk. (Kam kar riha hunda.) .) He would be working.

Presumptive	
Present And Imperfective	Continuous And Future Perfect
ਕੰਮ ਕਰਦਾ ਹੋਵਾਂਗਾ. (Kam karda hovanga.) I would be working.	ਕੰਮ ਕਰ ਰਿਹਾ ਹੋਵਾਂਗਾ. (Kam kar riha hovanga.) I would have been working.

(101) To Write

Infinitive	To write	fbyDk (Likhanha)

Indicative	
Present	Past
fbydk jK. (Likhda han.) I write.	fbydk ;h. (Likhda si.) I wrote.
Preterite And Perfect	Pluperfect
fbfynk j'fJnk j?. (Likhia hoeia hai.) It is written.	fbfynk ;h. (Likhia si.) I had written.
Future And Immediate Future	Immediate Past Future
fbykrK. (Likhagan.) I will write.	fbyD tkbk ;h. (Likhanh wala si.) I was about to write.

Imperative	
Single And Polite	Future Polite
fby'. (Likho.) Do write.	fby b?Dk. (Likh lainha.) Please wite.

Subjunctive	
Present	Habitual And Consumptive
fbyK. (Likhan.) Do I write.	fbydk jK. (Likhda han.) I write.
Perfect And Immediate Future fby fbnk. (Likh lia.) I have written.	

Conditional	
Present And Habitual	Continuous And Preterite
fbydk. (Likhda.) He writes.	fby fojk jz[dk. (Likh riha hunda.) He would be writing.

Presumptive	
Present And Imperfective	Continuous And Future Perfect
`fbydk j'tKrk.`	`fby fojk j'tKrk.`
(Likhda hovanga.)	(Likh riha hovanga.)
I would be writing.	I would have been writing.

www.ingramcontent.com/pod-product-compliance
Lightning Source LLC
Chambersburg PA
CBHW081455040426
42446CB00016B/3251